# 뜨개 옷장

나스 사나에 지음 · 제리 옮김

오롯한날

어머니가 아버지께 트위드 실로 스웨터를 떠 드린 적이 있습니다. 아버지는 가볍고 따뜻한 그 옷을 매우 마음에 들어하시며 추워지면 즐겨 입으셨습니다. 어머니가 빨아 넌 스웨터가 마르면 다음은 아버지 차례. 다다미 위에 스웨터를 펼치고 양 소매를 단정하게 안쪽으로 접고, 길이는 반으로 개어서 서랍에 마무리. 그 스웨터를 생각할 때마다 그것을 입고 테이블에서 신문을 읽는 아버지와 정성스럽게 개는 모습이 또렷이 떠오릅니다.

입기 좋아서 무심코 손이 가는, 애착이 있는 니트. 깔끔하게 손질되어 있는 옷은 시간에 따른 소재의 변화가 아름답거나 올이 풀린 곳을 고친 흔적이 있는 등 입는 사람이 소중하게 생각하는 기분이 전해집니다. 그리고 그 니트와 함께 지낸 사람의 시간도 함께 느낄 수 있다고 생각합니다. 조끼를 입은 어머니가 찻잔을 씻는 뒷모습. 선물한 네이비 색 카디건을 기쁜 듯이 걸치는 오빠. 우리의 중요한 날에 조금 묵직한 스웨터를 입어 주었던 남편. 긴 머플러의 여분을 친구의 목에 둘러 주던 아이의 모습. 그리운 앨범을 넘기듯이 추억이 차례로 니트로부터 넘쳐 나옵니다. 서랍에 이런 뜨개 작품이 그득 차 있으면 얼마나 행복할까요.

이 책에서는 입는 사람에게 가만히 다가가는 것 같은, 착용감이 좋고 코디하기 쉬운 뜨개를 전합니다. 모든 작품이 생활의 정경에서 넓어지는 공상이나 동경, 마음을 흔드는 사건에서 태어난 것입니다. 유니섹스 사이즈의 스웨터도 있으므로 소중한 누군가와 함께 사용할 수도 있습니다. 그렇게 계속 입는 중에 뜨개에 입는 사람의 시간이 쌓여 갑니다. 언젠가 "이것은 그 때……"라고 떠올리는 날이 올지도 모릅니다. 추억이란 지금을 살아가는 그 사람을 지탱해 주고 따뜻한 마음을 가지게 해 주는 소중한 것. "뜨개 옷장"에는 그러한 니트들이 잠들어 있어서 차례가 오는 것을 마음을 담아 기다리고 있는 듯이 느껴집니다.

# Contents

**도니골 트위드
스웨터**

도니골 트위드로 만든 심플한 스웨터
는 내 옷장에 꼭 간직하고 싶은 한 장이
었습니다. 시크한 색조의 트위드는 고
급스러운 느낌과 거친 인상이 어우러져
코디하기 쉬우면서 확실한 존재감도 있
습니다. 남성에게도 멋있게 어울리므로
유니섹스 사이즈로 만들었습니다.

→ p.50

## Road 베스트

쌀쌀함을 느낄 때부터 조끼는 매우 편리
합니다. 작업 중에는 팔을 움직이기 쉽
고 몸을 따뜻하게 해 주는 든든함도 있
습니다. 겉옷을 걸쳤을 때에 살짝 보이
는 느낌도 좋으므로 작은 무늬를 넣어서
즐기고 있습니다. 허리둘레의 군살이 눈
에 띄지 않았으면 하는 마음을 슬릿에
담았습니다.

→ p.52

## Road 원피스

조끼가 가뿐하게 완성되어서 원피스도
만들어 보았습니다. 길게 끝없이 계속되
는 교차무늬가 여기까지 더듬어 온 여정
과 같다고 생각해 Road 라고 이름 지었
습니다. 원피스는 진동 둘레부터 어깨에
걸쳐 늘어남 방지를 넣어 형태가 무너지
지 않도록 궁리했습니다.

→ p.52

# 밤하늘 머플러 / 밤하늘 미니 백

해 질 녘의 호숫가를 산책하던 때. 밤의 입자가 차례로 짙어지고 별이 하나 또 하나 반짝거리기 시작했습니다. 퍼뜩 깨달으면 빨려들 것 같은 밤하늘에 셀 수 없는 별이 빛나고 있는 모습을 시간을 잊은 채 바라보고 있던 것을 기억하고 있습니다. 낮에는 보이지 않는 그 경치를 바람이 거친 날에는 목에 둘둘 말아서. 작은 백에는 중요한 것만을 넣어서……

→ p.55, 56

## 헨리넥 보온 스웨터

사람의 몸은 매우 아름답습니다. 그래서 일까요, 피부에 가장 가까운 옷, 내의의 모양을 매우 좋아합니다. 특히 겨울에는 보온 니트라고 불리는 와플 무늬의 뜨개코에 끌립니다. 올록볼록한 뜨개 표면이 공기를 품어 꺼풀처럼 몸을 감싸는 매우 따뜻한 스웨터입니다. 어딘가 그리운 헨리넥은 목둘레가 잘 늘어나지 않고, 입기 쉬운 한 벌이 되었습니다.

→ p.46

## 겨우살이 스웨터

겨울 숲을 걷다가 나목의 가지 끝에서
둥근 수풀, 겨우살이를 발견할 때가 있
습니다. 동그란 노란색, 주황색 열매는
추운 계절을 살아내는 새들의 중요한 식
량이고, 그 귀여움은 마치 숲의 보석과
같습니다. 결코 손에 닿지 않는 열매를
화환으로 만들어 목둘레를 장식할 수 있
다면……. 그러한 상상으로부터 태어난
스웨터입니다.

→p.57

## 고틀란드 꽃 베스트

스웨덴의 고틀란드 섬에서 뜬 양말에 이
패턴(고틀란드의 꽃)이 있습니다. 뜨고
있자면 과거의 뜨개인이 보고 있던 풍경
이 저에게도 보이는 것처럼 느껴졌습니
다. 예로부터 핀 꽃들이 베스트 한 면에
한창입니다. 오랜 세월 떠 내려온 패턴
에는 시간이나 장소를 넘는 힘이 있다고
생각됩니다.

→ p.62

## 바구니 무늬 아란 스웨터

북쪽 지역에 사는 친구가 으름덩굴로 만
든 바구니를 안고 만나러 와 준 적이 있
습니다. 땋아 놓은 덩굴을 대각선으로
엮은 정성스러운 솜씨가 인상적이었습
니다. 그 꼼꼼함이 잊혀지지 않아 아란
무늬의 흐르는 듯한 뜨개코에 덩굴의 곡
선을 얹어 가며 무늬를 떠 보았습니다.
유니섹스 디자인과 사이즈로 남녀를 가
리지 않고 입을 수 있습니다.

→p.65

# 바구니 무늬 아란 모자

스웨터의 무늬를 모자에 적용했습니다.
이 실은 탄력, 도톰함이 훌륭하여 무늬가
예쁘게 나오는 양모(체비엇 울)입니다.
길이가 길어서 완성품이 가볍고, 섬세하
고 복잡한 아란 무늬도 마음 놓고 뜰 수
있는 매우 좋은 실이라고 생각합니다.

→ p.70

## 허그 머플러

태어난 아이가 처음으로 안아 달라고 손
을 뻗어 작은 양팔로 나의 목을 잡았던
때, 그때까지 살아온 자신의 모든 것을
용서받은 기분이 들었습니다. 안으며 안
겨 있는 부드럽고 기쁜 온기가 언제까지
나 마음속에 남아 있습니다.

→ p.68

## 캐시미어 크루넥 카디건

어떤 기분이라도 언제나 곁에서, 있는
그대로의 나와 함께 세월을 쌓아가 주는
친구와 같은 카디건을 만들었습니다. 나
도 이 카디건도 시간의 흐름으로부터 생
겨나는 느낌도 즐기고 싶습니다. 캐시미
어는 이런 기분에 응답해 주는 소재라고
생각합니다.

→ p.71

## 캐시미어 넥워머 / 캐시미어 핸드 워머

"캐시미어를 어른스럽게 입고 싶다."
곧게 뜨는 것으로 가능한 메리야스뜨기의 넥 워머와 핸드 워머는 몸에 달라붙는 부드러운 라인이 고급 소재감을 전달해줍니다. 목이나 손목을 따뜻하게 하면 몸에도 좋다고 합니다. 컴팩트한 사이즈라 외출해서도 간단히 가방에 넣을 수 있어 편리합니다.

→ p.78, 79

## 백목련 숄

이른봄의 나뭇가지 끝. 계란처럼 부푼
하얀 꽃봉오리. 백목련이 피기 시작하면
꽃봉오리 속에서 봄이 피어나는 것 같은
기분이 들어 나도 모르게 심호흡을 하게
됩니다. 아침저녁의 일교차가 큰 계절은
걸칠 게 갖고 싶어집니다. 물빛의 하늘
을 향해 핀 꽃잎을 걸치는 것 같은 숄입
니다.

→p.80

# 마른잎 카디건

늦가을의 숲. 낙엽 위를 걷노라면 발밑
이 폭신폭신하고 바스락거리는 마른 소
리가 울립니다. 주위에는 오렌지색의 저
녁해가 떨어져 따뜻해 보입니다. 마른잎
을 덮고 자보고 싶다…… 어른은 상상으
로 끝나버리지만 마른잎이라면 뜰 수 있
답니다. 방을 정리하고 한숨 돌립시다.
마음 가볍게 걸칠 수 있는 가벼운 카디
건과 함께.

→p.74

→ p.82

## 할머니의 덧양말

옛부터 전해진 할머니의 뜨개 양말Grandma's Knitted socks. 이 심플하고 뜨기 쉬운 패턴에 뒤꿈치를 붙여서 발의 모양에 딱 맞는 덧양말을 만들었습니다. 발밑이 차가워지기 시작하면 양말을 겹쳐 신은 위에 이 덧양말이 필수. 매일같이 신기 때문에 아이슬란드의 튼튼한 실 로피로 떴습니다.

**체크 무늬 핑거리스 미튼** 외투는 무지가 많으니까 장갑에는 무늬를 넣고 싶어집니다. 윗단으로부터 힌트를 얻어 체크의 장갑을 만들었습니다. 씨실과 날실이 겹쳐 색이 진해지는 부분은 안뜨기를 넣어서 입체적으로. 베이직한 색조합은 코디하기 쉽고 무난하지만 알록달록한 색을 시험해 보는 것도 좋을 것 같습니다.

→ p.84

29

## 톤 Tone 베스트

오보에의 라 음에 맞춰 오케스트라의 악기가 차례차례 음을 쌓아합니다. 중후한 음이 울리기를 멈추고 정적에 둘러싸이면 마침내 연주회가 시작됩니다. 한 자리에 모인 사람들이 음악을 즐기는 한때에 내가 뜬 니트를 입고 갈 수 있다면 …… TPO를 생각하면서 떠올린 상상으로부터 태어난 베스트입니다.

→p.85

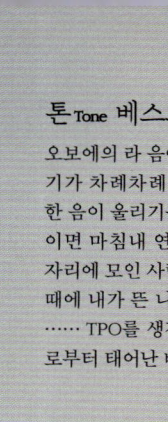

## 철새 손모아 장갑

바람 속을 걷는 날. 차가운 공기 속을 자
전거로 외출하는 날. 손가락 끝까지 탄
탄하게 뜬 장갑이 있으면 조금도 춥지
않습니다. 라트비아 장갑과 같은 섬세함
은 어렵겠지만 같은 패턴을 합태사(合太糸)
로 뜨니까 딱 좋은 사이즈가 됩니다. 너
른 하늘을 나는 새와 같은 패턴과 함께
겨울의 산책을 즐깁시다.

→p.86

## 브리오슈 스티치 모자

피셔맨 스웨터의 기본 중 하나, 브리오슈 스티치로 모자를 떴습니다. 손으로 뜬 것은 그 자체만으로도 존재감이 있지요. 깔끔한 인상을 주고 싶어서 접는 테두리 없이 완성했습니다. 시작코가 피콧 뜨기의 구멍처럼 보이는 것이 저에게는 매우 귀여워 보입니다.

→ p.86

# 실에 대하여

이 책의 작품에 사용된 실입니다. 실은 모두 실물 크기입니다.
**사용 작품 게재 페이지 / 실 이름 / 메이커 / 소재 / 1볼당 중량 / 1볼당 길이 (약)**

※ 만드는 법 페이지에 기재되어 있는 실의 분량은 게재 작품을 바탕으로 하고 있습니다. 사용량은 뜨는 사람에 따라 달라지며 게이지를 뜨는 분량은 포함되어 있지 않으므로 어느 정도 여유 분량을 준비하는 것을 추천합니다.
※ 실의 색상은 작품에 따라 달라지는 경우가 있습니다.

1  p.4 / 소프트 도니골 / 퍼피 / 울100% / 40g / 75m

2  p.6, 8, 16, 18 / 체비엇 울 / 다루마 /
울(체비엇 울)100% / 50g / 92m

3  p.8, 9, 29, 30 / 공기를 섞어 실로 만든 울 알파카 / 다루마 /
울(메리노)80%, 알파카(로열 베이비 알파카)20% /
30g / 100m

4  p.10 / 브리티시 에로이카 / 퍼피 /
울100%(영국 양모 50% 이상 사용) / 50g / 83m

5  p.12, 32, 33 / 셰틀랜드 울 / 다루마 /
울(셰틀랜드 울) 100% / 50g / 136m

6  p.14 / 스핀드리프트 / 제이미슨즈 스피닝(셰틀랜드) /
울(셰틀랜드 울) 100% / 25g / 105m

7  p.19, 24 / 비슈 / 외스테르 예틀란드 양모방적 /
울100% / 100g / 300m

8  p.20, 22 / 캐시미어 릴리 / 다루마 /
캐시미어100% / 50g / 208m

9  p.26 / 유리카 모헤어 / 퍼피 /
모헤어 86%(슈퍼키드 모헤어 100% 사용),
울 8%(엑스트라 파인 메리노100%사용),
나일론 6% / 40g / 102m

10  p.28 / 로피 / 나이토 쇼지 / 울100% /
100g / 100m

11  p.30 / 실크 모헤어 / 다루마 /
모헤어(슈퍼키드 모헤어) 60%, 실크 40% / 25g / 300m

## 도구에 대하여

도구는 뜨개시간을 함께 하는 짝꿍과 같은 것.
손에 익고 편하게 사용하기 좋은 것을 찾아 보세요.

※ 대바늘의 호수는 규격이 있습니다. 바늘 끝의 모양은 브랜드에 따라 조금씩 다릅니다.
소재에 따라서도 뜨는 맛이 달라집니다.

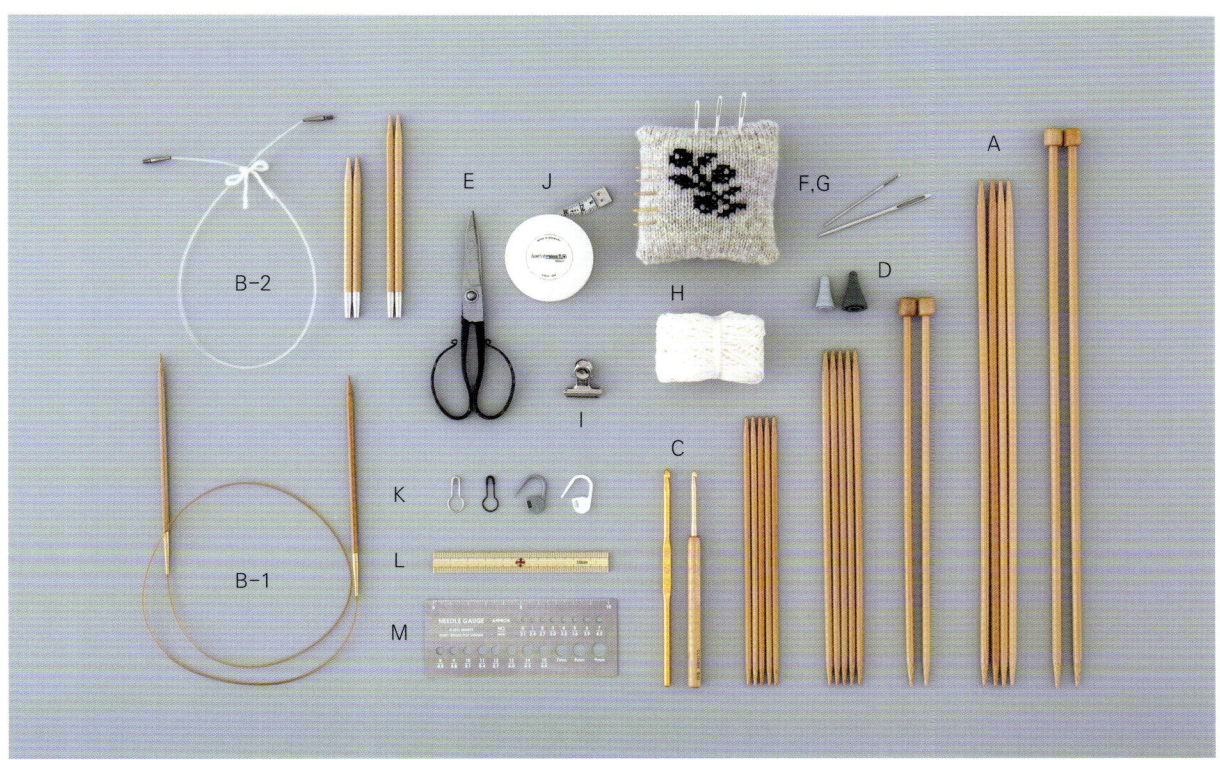

### A 대바늘

평면 뜨기에는 막대바늘 2개, 원통 뜨기는 4, 5개의 막대바늘을 사용.
뜨개의 넓이(폭)에 맞춰서 대바늘의 길이를 결정합니다.

### B 줄바늘

원통 뜨기 이외에도 평면 뜨기를 뜨는 등 여러가지 사용법이 가능하므로 편리
합니다. 부드러운 소재의 코드로 여러가지 크기의 원통을 뜰 수 있는 것 (B-1,
p.41의 매직루프 참고), 코드와 바늘부분을 따로 사서 바꿔 끼울 수 있는 줄바
늘(B-2) 등이 있습니다. 40, 60, 80㎝의 줄바늘을 중심으로 사이즈도 여러가
지. 경제적으로는 교체형 줄바늘을 추천합니다. 코드의 길이를 3종류(40, 60,
80㎝용) 갖춰 두면, 필요한 호수의 바늘을 바꾸는 것만으로 여러가지 사이즈의
줄바늘을 사용할 수 있습니다.

※ 줄바늘 사이즈 선택법 / 뜨개바탕의 원둘레에 맞춰서 사이즈를 바꾸는 것이 기본.
뜨는 치수보다 조금 작은 듯하게 고릅니다. 매직루프는 80㎝ 줄바늘을 사용합니다.

### C 코바늘

별 사슬에서 줍는 시작코, 빼뜨기로 잇기 등에 사용. 실의 굵기에 맞춰서 호수를
골라주세요.

### D 대바늘 마개   ※ 사진은 크로바 라보 제품

코가 빠지지 않도록 대바늘의 끝에 끼워 두는 것입니다.

### E 가위

자르는 맛이 좋고 되도록이면 날을 갈아 쓸 수 있는 것으로.

### F 돗바늘

잇기, 꿰매기, 실 정리용으로 쓰는 바늘 끝이 둥근 바늘. 실의 굵기에 맞춰서 선택합니다.

### G 바늘꽂이

유분이 남아있는 원모를 속에 채우면 바늘이 잘 녹슬지 않습니다.

### H 보조실

별 사슬에서 줍는 시작코 코잡기의 사슬코를 만들기 위한 실. 보풀이 잘 일지 않
는 면사를 사용하고 있습니다. 부드러우므로 본 뜨개바탕에 영향이 거의 없고
섬유가 뜨개바탕에 남지 않습니다.

### I 클립

원통 뜨기를 할 때에 뜨개바탕이 꼬이지 않았는지 확인하고, 시작코의 처음과
끝을 고정합니다. (꼬임을 방지하기 위해. p.38 참고)

### J 줄자

때때로 편물을 재고, 치수대로 뜨고 있는지를 확인합니다.

### K 단수 마커   ※ 오른쪽 두 개는 크로바 라보 제품

뜨개코에 표시를 하기 위해서입니다. 콧스링으로도 사용합니다. 가는 실에는 가
는 마커를 사용하면 뜨개바탕에 영향이 덜합니다. 이 책에서는 경사뜨기에 사용
하는 방법도 소개합니다. (p.73 참고)

### L 자

게이지를 재기 위한 10~15㎝ 길이가 필요합니다.

### M 바늘 게이지

다양한 바늘의 호수와 같은 직경의 구멍이 뚫려 있습니다. 구멍에 대바늘을 꽂
아서 바늘의 호수를 알아내기 위해 사용합니다.

# 뜨는 법 포인트

## 【실과 바늘(줄바늘)을 잡는 방법】

실을 어느 손으로 잡는 지에 따라 프랑스식과 아메리카식, 두 가지 방법이 있습니다. 자신에게 쉬운 방법으로 떠 주세요.

프랑스식     : 실을 왼손 검지에 걸고 뜨는 방법입니다. 10개의 손가락을 효과적이고 합리적으로 움직이기 때문에, 뜨는 속도가 빠릅니다.
                 (우리나라에서는 흔히 '컨티넨탈continental 니팅'으로 부릅니다.—옮긴이)

아메리카식 : 실을 오른쪽에 잡거나 검지에 걸쳐서 뜨는 방법입니다. 실을 다소 강하게 당기는 경향이 있지만, 코가 비교적 가지런합니다.

## 【실이 가로로 건너는 배색무늬 뜨기 방법 / 실을 거는 방법】

건너는 실이 길어지는 경우(약 3㎝ 이상) 옷을 입고 벗을 때 실이 걸리거나, 넘기는 실의 길이를 알기 어려운 경우가 있습니다. 그러므로 적당히 실을 걸어가면서 뜹니다. 배색실의 간격이 7~11코 정도가 되는 경우를 기준으로 넘기는 실의 가운데 쯤에서 실을 걸면 좋을 것입니다(간격이 그 이상 벌어지는 경우에는 ※를 참고). 아래의 뜨개바탕은 바탕실을 위에, 배색실을 아래에 실을 두면서 떠갑니다.

### 프랑스식 뜨기

배색실을 왼쪽 바늘의 앞쪽에 둔다. / 왼쪽의 코에 바늘을 넣고 뜬다. / 한 코가 떠졌다. 배색실을 앞쪽으로 옮긴다(아래쪽으로 내리면서). / 다음 코를 뜬다.

### 아메리카식 뜨기

배색실을 왼쪽의 바늘에 걸치고 뜨는 코에 붙인다. / 왼쪽의 코와 왼쪽바늘에 걸친 배색실을 함께 바탕실로 뜬다. / 한 코 완성 / 배색실이 바탕실의 앞쪽에 있다.

바탕실로 한 코 뜬다. / 다음 코가 떠졌다. / 배색실을 걸어서 뜬 모습

---

### ※ 배색실의 간격이 12코 이상인 경우     코를 세서 가운데를 찾는 것은 어려우므로 5코 간격으로 걸어서 떠도 좋다.

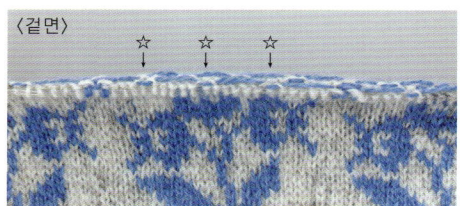
〈겉면〉

〈안면〉

5코 정도의 간격으로 건너는 실을 교차하여 걸어 둔다 (☆ = 실을 걸어둔 위치)

## 【 철새 손모아 장갑(p.32, 뜨는 법 p.86) 엄지손가락 구멍 내는 법, 코줍는 법】

**1**

엄지손가락 부분(9코)에는 보조실을 꿰어서 쉼코를 만든다.

**2**

바탕실(마린 블루), 배색실(에크뤼)의 순으로 감아코를 9코 만든다.

**3**

감아코를 뜨고 추가 1코를 뜬 모습. 엄지손가락 구멍이 생긴다.

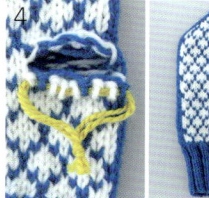
**4**

원통으로 마지막까지 뜬다. 장갑 전체는 이런 모양이 된다.

**5**

손가락을 뜬다. 보조실을 꿰어 둔 쉼코를 바늘로 되돌린다.

**6**

실을 끼워서 겉뜨기로 뜬다.

**7**

모서리(●)에서 싱커루프(감아코의 마지막 싱커루프)을 사진과 같이 주워서 1코 돌려뜨기 한다.

**8**

감아코 부분도 계속하여 줍는다. 감아코의 코 가운데에 바늘을 넣고, 실을 걸쳐서 줍는다.

**9**

반대쪽 모서리(○)도 7과 같이 주워서 돌려뜨기로 1코 뜬다.

**10**

1단 뜬 모습. 엄지손가락을 원통 뜨기로 끝까지 뜬다.

## 【 캐시미어 크루넥 카디건(p.20, 뜨는 법 p.71) 】

### 앞여밈단과 앞 몸판 끝의 게이지가 맞지 않는 경우의 연결 방법

앞여밈단은 지정한 단수에 맞추지 않고 앞 몸판의 길이에 맞춰 단수를 조정하여 바늘(시침핀)을 맞춰서 잇습니다.

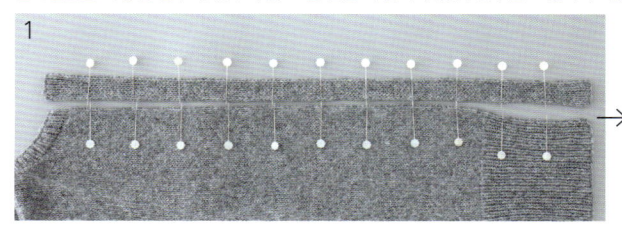
**1**

앞여밈단과 앞 몸판 끝에 5cm 간격으로 시침핀을 꽂아 사진과 같이 펼쳐놓는다.

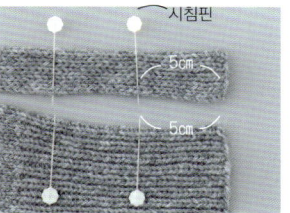
**2**

시침핀이 서로 어긋나지 않도록 적당히 단수를 조정하며 떠서 꿰매기 한다.

### 단춧구멍을 만드는 법

뜨개바탕에 손가락으로 구멍을 뚫어서 휘갑치는 방법입니다. 나중에도 원하는 위치에 구멍을 만드는 것이 가능합니다. 신축성이 있어 비교적 눈에 띄지 않습니다.

**1**

단춧구멍을 뚫을 위치에 손가락을 넣어 편물에 큰 구멍을 만든다.

**2**

실을 돗바늘에 끼워서 아래쪽의 싱커루프 실 2~3올을 두 번 휘갑친다.

**3**

뜨개바탕 가장자리를 통해 실을 위쪽으로 보낸다. 위쪽도 같은 방법으로 휘갑친다.

**4**

마지막엔 실을 뜨개바탕의 가장자리를 통해 아래쪽으로 보내서 마무리한다.

시작코를 원통으로 만든다.

클립

별 사슬에서 줍는 시작코를 잡는다. 시작코가 꼬이지 않는 지 확인하면서 보조실 사슬코의 맨 처음과 맨 끝을 클립으로 고정한다. (뜨는 도중에 원통이 꼬이는 것을 방지하기 위해 10단 정도 뜬 후에 뺀다.)

스틱을 뜬다.

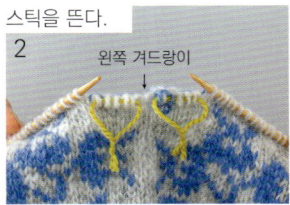

왼쪽 겨드랑이

배색 부분을 원통으로 떠간다. 진동의 앞 단까지 뜨면, 왼쪽 겨드랑이의 쉼코 위치에 지정된 콧수만큼 보조실을 꿰어 둔다.

바탕실
배색실

바탕실과 배색실로 풀매듭(p.40)을 만들어, 오른쪽 바늘에 건다.

배색실로 감아코를 1코 만든다. 계속하여 바탕실, 배색실을 번갈아가면서 감아코를 만든다.

6코(●)

모두 6코(●)가 된다(매듭으로 만든 2코 포함). 계속하여 배색뜨기로 앞 몸판 오른쪽 겨드랑이까지 뜬다.

오른쪽 겨드랑이    12코

오른쪽 겨드랑이도 쉼코로 둔다. 바탕실-배색실의 순으로 번갈아가며 감아코 6코, 배색실-바탕실의 순으로 번갈아가며 감아코 6코, 합계 12코를 만든다 (가운데에는 배색실이 2코 계속된다). 오른쪽 진동 둘레 스틱의 시작코가 12코 생겼다.

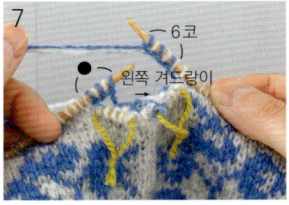

6코    왼쪽 겨드랑이

계속하여 배색뜨기로 왼쪽 겨드랑이까지 뒤 몸판을 뜬다. 오른쪽과 같이 바탕실-배색실을 차례로 번갈아가며 감아코를 6코 만든다. 왼쪽 진동 둘레의 스틱 시작코가 12코 생겼다.

진동 둘레 코 줄임

5코(●)
콧수링

단수 마커(콧수링)를 키우고, 2단 째를 뜬다. ● 부분을 다섯코 뜬다.

● 부분(스틱)의 6 번째 코와 앞 몸판의 첫 번째 코를 오른코 겹쳐 2코 모아뜨기 한다. 계속해서 앞 몸판을 배색뜨기로 오른쪽 겨드랑이까지 뜬다.

오른쪽 겨드랑이

앞 몸판의 맨끝 한 코와 오른쪽 겨드랑이 스틱의 첫 코로 왼코 겹쳐 2코 모아뜨기 한다. 오른쪽 진동 둘레의 스틱을 10코 뜬다.

오른쪽 진동 둘레 스틱의 12 번째 코와 뒤 몸판의 첫 번째 코로 오른코 겹쳐 2코 모아뜨기 한다. 계속하여 뒤 몸판을 왼쪽 겨드랑이까지 뜬다. 왼쪽 겨드랑이도 10을 참고하여, 뒤 몸판의 마지막 1코와 왼쪽 진동 둘레 스틱의 첫 번째코로 왼코 겹쳐 2코 모아뜨기 한다. 계속하여 원통형으로 배색무늬를 뜬다.

어깨, 스틱 잇기

원통으로 뜬 모습. 목둘레는 6을 참고하여 스틱을 뜬다. 단의 경계에서 좌우로 나누고, 반대쪽의 목둘레 스틱을 중앙부분에서 줄바늘의 줄을 끌어당겨서 앞뒤 몸판의 코를 나눠둔다.

앞뒤 뜨개바탕의 겉면을 마주보게 하여 겹쳐서(뒤판을 앞쪽으로 둔다). 코바늘에 앞뒤 몸판의 코를 1코씩 옮긴 후 튀지 않는 색의 실(위 예시는 바탕실)로 빼뜨기하여 꿰맵니다.

뒤 몸판 안면

어깨    어깨

빼뜨기로 1코 꿰맨 모습

같은 방법으로 뜨개바탕의 끝까지 빼뜨기로 꿰매기 한다. (진동 둘레 스틱, 어깨, 목둘레 스틱, 어깨, 진동 둘레 스틱의 순으로 꿰맨다.)

앞 몸판 겉면

어깨    어깨

스틱 부분에 스팀다리미질을 하여 밑준비를 해 두면 뜨개바탕을 자를 때에 잘 풀리지 않는다.

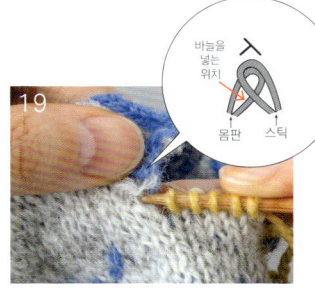

## 스틱을 자른다.

**16**

진동 둘레 스틱의 중앙(배색실이 연달아 있는 부분)에 가위날을 넣어서 자른다. 목둘레도 같은 방법으로 자른다.

**17**

좌우의 진동 둘레, 앞뒤의 목둘레를 자른 모습

## 둘레 뜨기의 코줍기 방법

**18**

보조실에 끼워놓은 소매아래선의 앞 몸판 쪽 쉼코를 바늘에 다시 꿰고 실을 연결하여 겉뜨기를 한다.

**19**

사진 9의 과정에서 코를 줄인 몸판 쪽의 코에 바늘을 넣고, 실을 걸어서 빼낸다.

**20**

2코 모아뜨기 부분은 앞과 같이 몸판 쪽의 코에 바늘을 넣어서, 실을 걸어 빼낸다.

**21**

왼쪽 진동 둘레가 1단 생겼다. 계속하여 2코 고무뜨기를 지정된 단수(2단째에서 콧수를 줄인다)만큼 하고 2코 고무뜨기 코막음을 한다. 오른쪽 진동 둘레, 목둘레도 같은 방법으로 뜬다(목둘레는 뒤 목둘레의 왼쪽 첫코의 줄임코부터 코를 줍기 시작한다)

## 스틱을 정리한다.

**22**

2코 고무뜨기 코막음을 한 상태. 스틱이 안면에 나와 있다.

(안면)

**23**

스틱은 안쪽에서 4코를 남기고 자른다.

4코

**24**

2코를 안쪽으로 접어 넣는다. 겉면에서 보이지 않도록 눈에 띄지 않는 색의 실로 끝을 10cm 남기고 감치기 한다. 목둘레도 같은 방법으로 감친다.

2코

**25**

남겨둔 실의 끝으로 모서리도 감친다.

모서리

## 【 브리오슈 스티치 모자(p.33, 뜨는 법 p.86) 】

손가락으로 걸어서 만드는 시작코　　엄지손가락 쪽에 2가닥의 실을 거는 방법입니다.

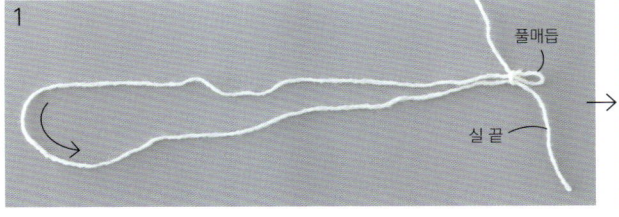

**1**

풀매듭

매듭코

실 끝

실 끝

원통을 만들고 풀매듭(p.40)을 만든다. 실끝을 매듭의 가운데에 넣고, 매듭을 조인다.
실꼬리는 두 겹으로 접히므로 보통(완성 사이즈의 약 3배) 길이의 2배 (해당 작품은 약 3m)의 길이를 남기고 조인다.

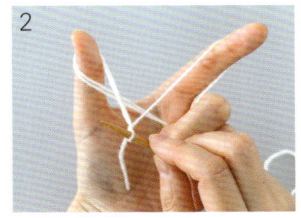

**2**

코에 바늘을 넣고 손가락에 실을 건다. 엄지손가락 쪽 실이 2가닥이 되어 있는 상태로 손가락으로 걸어 만드는 코를 만든다.

### 아메리카식으로 뜨는 경우의 브리오슈 스티치 뜨는 법
프랑스식은 p.88의 기호도를 참고하여 뜹니다.

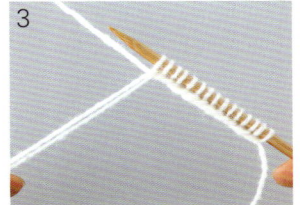

**3**

시작코의 모습. 2가닥을 잡고 뜨므로 시작코의 끝이 도톰하고 단단하다.

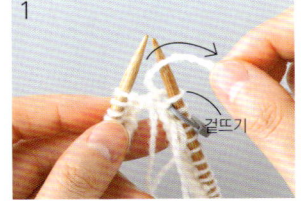

**1**

걸뜨기

p.88의 기호도를 참고하여 2단까지 뜬다. 3단 째에서 콧수링을 끼우고, 겉뜨기를 1코 한다. 실을 앞쪽으로 옮긴다.

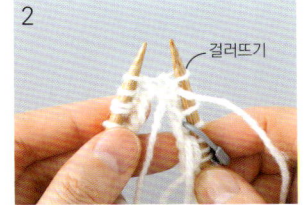

**2**

걸러뜨기

걸러뜨기 한다.

**3**

겉뜨기를 1코 뜬다.

**4** 겉뜨기

겉뜨기를 떴다. 1에서 앞쪽으로 옮겨 둔 실이 자연스럽게 오른쪽 바늘에 걸려서, 걸기코처럼 된다. 1~3을 반복한다.

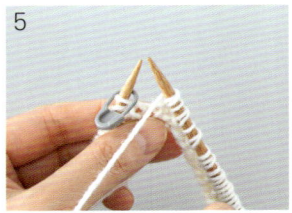

**5**

3 번째 단의 마지막은 실을 앞쪽으로 옮긴다.

**6** 걸러뜨기

4단 째. 걸러뜨기 한다.

**7** 바늘비우기

바늘비우기 한다.

**8**

끌어올려 안뜨기를 한다. (사진의 상태에서 안뜨기를 하면, 자연스럽게 끌어올려 안뜨기가 된다.)

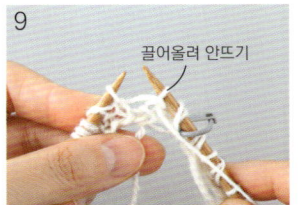

**9** 끌어올려 안뜨기

끌어올려 안뜨기를 한 모습. 6~8을 반복한다.

**10**

5 번째 단. 끌어올려 겉뜨기 한다. (이 상태에서 겉뜨기를 뜨면 자연스럽게 끌어올려 겉뜨기가 된다.)

**11** 끌어올려 겉뜨기

끌어올려 겉뜨기를 떴다.

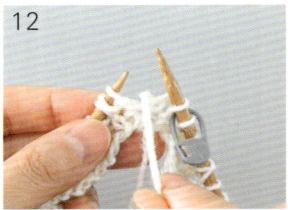

**12**

실을 앞으로 옮긴다.

**13** 걸러뜨기

걸러뜨기 한다.

**14** 끌어올려 겉뜨기

끌어올려 겉뜨기 한다. 12~14를 반복한다.

**15**

4,5 번째 단을 반복하며 뜬다. 두께가 있는 고무뜨기가 떠졌다.

## 【 풀매듭(⅊), 뜨개바탕 끝을 늘리는 방법 】

진동 둘레나 칼라 등의 잇기를 위한 시접분, 고무뜨기의 양끝을 보충하기 위해 1코를 늘리는 방법입니다. 여기에서는 직선으로 된 소매 부착 위치를 예로 설명합니다.

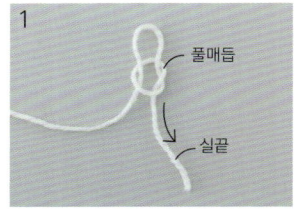

**1** 풀매듭 / 실끝

고리를 만든다. 실끝 쪽을 당겨서 매듭(풀매듭)을 묶는다.

**2** 실끝

고리를 바늘에 건다.
※ '손가락으로 걸어 만드는 코'의 첫 시작코도 이 방법으로 만든다.

**3** 풀매듭

몸판의 뜨개바탕을 계속 뜨면 오른쪽이 1코 늘어난다.(소매아래선은 쉼코)

**4**

왼쪽은 감아코를 만든다. 반대쪽의 소매아래선도 쉼코

**5** 감아코 / 풀매듭

좌우에 1코씩 늘어났다.

**6** 오른쪽 끝 / 왼쪽 끝

계속 뜬 모습. 1코 늘어나서 시접코(또는 소매의 코를 줄이기 위한 코)가 생겼다.

## 【줄바늘로 평면 뜨기를 하는 방법】 막대바늘과 똑같이 뜨개바탕을 뒤집어 뜨면 뜨개바탕이 평면 뜨기로 떠집니다. 콧수가 많은 경우에 편리합니다.

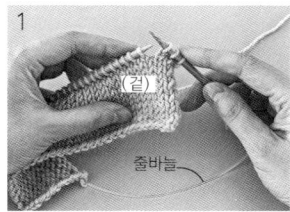
1

2

3

4

막대바늘과 마찬가지로 뜨개바탕을 왼쪽에 들고 뜬다.

끝까지 떴다. 뜨개바탕이 오른쪽에 왔다.

뜨개바탕을 바늘째로 뒤집는다. 뜨개바탕이 왼쪽에 오므로 막대바늘로 뜨는 것과 같다.

끝까지 떴다. 먼저처럼 뜨개바탕을 바늘째로 안 / 겉으로 뒤집어가면서 뜬다.

## 【매직루프로 뜨는 법】 짧은 코드(줄)의 줄바늘이나 4, 5개의 막대바늘 없이도 소맷부리 등 좁은 원통 모양으 뜨개바탕을 뜨는 방법입니다. 80cm 줄바늘 1개로 의류부터 소품까지 다양한 사이즈의 원통 뜨기가 가능합니다. 되도록이면 코드가 유연한 줄바늘을 사용하세요.

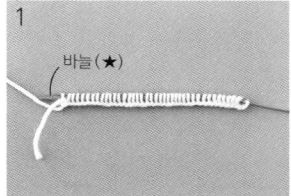
1

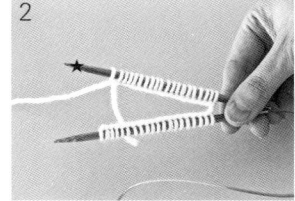
2

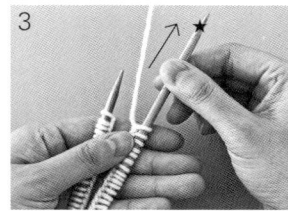
3

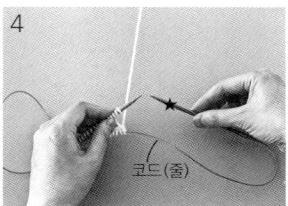
4

줄바늘의 바늘 1개(★)로 '손가락으로 걸어 만드는 코'를 만든다. (1 번째 단)

시작코를 반씩 나눈다. 이제부터 뜨개바탕의 겉면이 항상 앞쪽에 오도록 바늘을 쥔다.

시작부분 (★)의 바늘을 당긴다.

시작코의 절반을 코드로 이동시킨다. 사진과 같이 왼손에 뜨개바탕을 쥐고, 양손으로 바늘을 쥔다.

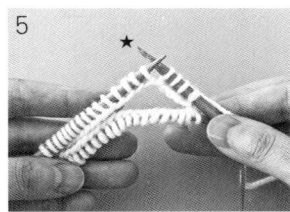
5

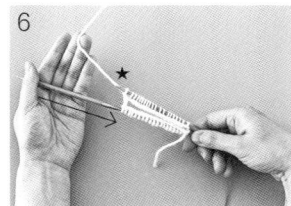
6

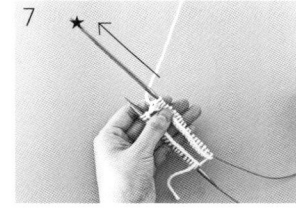
7

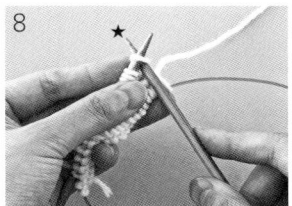
8

두 번째 단을 뜬다. 첫 코는 실을 당기듯이 뜬다. 사진과 같이 오른손으로 바늘과 코드를 잡고, 코가 꼬이지 않도록 반을 뜬다.

두 번째 단을 반쯤 뜨면 코드에 있는 코를 왼손에 쥐고 있는 바늘로 옮긴다.

또 한 쪽의 바늘(★)을 잡아당긴다.

4와 같은 방법으로 양손에 바늘을 잡고 남은 반을 뜨면 두 번째 단 뜨기가 끝난다.

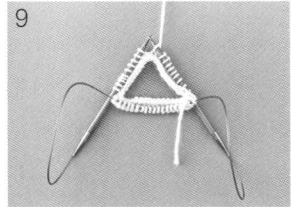
9

세 번째 단부터는 3~8을 반복하여 뜬다.

## 【목둘레, 진동 둘레의 늘어짐 방지 방법】

안면에 빼뜨기를 하면 어느 정도 사이즈를 고정할 수 있습니다.
착용시 뜨개바탕이 늘어지거나 모양이 망가지는 것을 방지합니다.

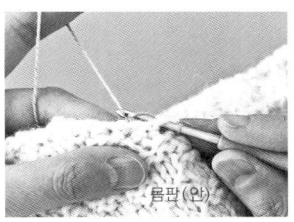

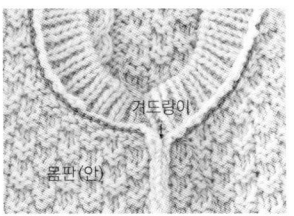

몸판의 안면에서 맨 끝의 1 번째 코와 2 번째 코 사이를 코바늘로 빼뜨기한다. 작품에서 사용한 실보다 가는 실, 같은 색깔이나 눈에 띄지않는 색 실을 사용한다 (사진에서는 알기 쉽도록 실의 색을 변경했다).

# 착용감이 좋은 니트를 만들기 위해

## 【시작코에 대하여】

대바늘로 뜨는 바늘에 코가 걸린 상태를 1단으로 셉니다. 그러므로 시작코=1단으로 세 주세요. 이 책에 나오는 두 종류의 시작코를 설명합니다.

### • 손가락으로 걸어 만드는 시작코

오른손에는 대바늘 왼손에는 실을 쥐고 손가락으로 실을 바늘에 걸어 가면서 시작코를 만드는 방법입니다. 시작코를 만드는 바늘은 2단 째 이후에 사용하는 바늘보다 1호 이상 큰 것을 쓰면 좋습니다. 2개의 바늘을 한번에 쥐고 시작코를 만드는 방법도 있지만 시작코가 너무 커져버리는 경향이 있습니다.

아랫단이나 소맷부리의 아래 끝 가장자리부터 뜨기 시작하거나 아랫단, 소매단에서 몸통으로 이어지는 무늬뜨기가 들어가 있는 것, 기술적으로 쉽게 하는 것을 우선하고 싶은 경우, 그리고 시험뜨기(게이지)도 이 방법으로 시작코를 만듭니다. 신축성이 적당히 있어서 여러 가지 뜨개의 시작코로 사용됩니다. 아랫단, 소매단이 고무뜨기인 경우에는 고무뜨기 코 잡기 방법도 있으므로 선호하는 방법을 사용해주세요.

### • 별 사슬에서 줍는 시작코

보조실로 사슬코를 떠서 그 뒤쪽 코에서 코를 줍는 시작코 만드는 방법입니다. 사슬뜨기를 하는 코바늘의 호수는, 대바늘의 호수 + 2호가 기준이 됩니다. (뜨는 이의 손땀에 따라 달라집니다.) 시작코를 만든 후 사슬뜨기의 사이즈가 줄어드므로, 느슨하게 뜨는 것이 포인트입니다.

몸판이나 소매를 다 뜨고 전체의 발란스를 보면서 테두리 뜨기의 길이를 정하고 싶은 경우 등, 이 방법으로 코를 만듭니다. 조금 번거롭지만 마지막에 테두리 길이를 조정할 수 있기도 하고, 오래 입어서 가장자리가 늘어지거나 풀어진 부분을 고쳐뜨는 경우에는 이 방법이 손쉽습니다.

## 【게이지에 대하여】

게이지는 뜨개코의 크기를 나타내는, 제도된 사이즈대로 뜨기 위한 기본이 됩니다. 우선 지정된 호수의 바늘로 사방 15~20㎝의 뜨개바탕을 뜨고 안면에 스팀다리미를 직접 닿지 않을 정도로 들어서 다립니다. 뜨개바탕이 식으면 뜨개코가 안정되어 있는 부분(가장자리는 제외한다)에서 10㎝의 콧수와 단수를 셉니다. 몇 군데를 세어서 평균치를 냅니다. 이것이 게이지가 됩니다. (저자 주: 아란무늬 등 몇 개의 무늬뜨기가 조합되어 있는 경우 무늬에 따라 게이지가 달라지므로 무늬 별로 표기합니다.) 기재된 게이지와 다른 경우 (손땀만으로 맞추는 것은 어렵고, 뜨개코가 들쑥날쑥해지므로)바늘 호수를 바꿔서 다시 뜹니다. 손땀은 사람에 따라 차가 있습니다. 지정된 호수와 달라도 너무 신경쓰지 마세요. 4호 정도 다른 것은 늘상 있는 일이라고 생각합니다. 실에 비해 바늘이 가늘면 실이 갈라지기 쉽고, 굵은 바늘도 뜨기 어렵지만 뜨는 동안 금방 익숙해집니다. 바늘은 지정된 게이지를 내기 위한 도구. 작품을 지정 바늘로 뜨지 않으면 안된다는 법은 없습니다. 작품 뜨는 법에는 '지정된 바늘의 호수로' 라고 되어 있지만 어디까지나 '게이지를 낼 수 있는 호수를 기준으로' 라고 생각해 주세요.

## 【지정 사이즈로 뜨기 위해】

게이지를 맞추면 작품을 뜨기 시작합니다. 의류의 조각을 뜨는 순서는 딱히 정해져 있지 않습니다만(※), 뒤 몸판부터 시작하면 좋습니다. 게이지를 낸 시험뜨개는 항상 손이 닿는 곳에 두고 때로로 뜨개코의 크기를 확인해 봅시다. 뜨개바탕을 15~20㎝ 정도 뜨면 한번 사이즈를 확인해 주세요(※).

우선, 다리미판 위 등 뜨개바탕이 미끄러지지 않는 곳에 편평하게 펼칩니다. 줄자로 넓이를 재고, 게이지도 확인합니다. 게이지가 사방 15~20㎝의 작은 편물임에 비해 뒤 몸판의 폭은 50㎝ 전후입니다. 폭이 넓은 뜨개바탕을 뜨면, 속도가 빨라져서 뜨개코가 뻑뻑해지거나 뜨개코의 높이가 나오기 어려운 (길이가 짧아지는) 경우가 있습니다. 거꾸로 게이지가 맞다고 안심하여 뜨개코가 느슨해져서 사이즈가 커지는 경우도 있습니다. 뜨개코의 크기는 손땀뿐만 아니라, 그 때의 기분에 따라 많이 바뀝니다. 사람이 뜨는 것이니까 자연스러운 것입니다만, 뜨개코의 크기나 치수를 신경쓰는 것 만으로도 원하는 치수에 가깝게 뜰 수 있게 됩니다. 제도와 거의 같은 치수로 떠지면 그대로 진행합니다. 차이가 많은 경우, 아래의 방법을 시험해 주세요.

• 몸판의 폭이 좁은(넓은) 경우: 앞 몸판의 시작코를 만들때 부족(여유)분을 보충하기 위해 콧수를 늘린다(줄인다). 솔기선이 뒤(앞)쪽으로 쏠립니다.

• 길이가 짧은(긴) 경우: 제도의 치수가 되도록 떠서 보충(풀기)합니다. 무늬뜨기의 작품은 무늬가 어긋나버리는 경우가 있기 때문에 주의해야 합니다. 앞뒤 몸판, 좌우의 소매는 각각 단수를 똑같이 뜹니다. 목둘레의 주위는 무늬가 눈에 잘 띄므로 무늬의 배치를 확인해 두면 좋습니다.

• 기타: 풀어서 고쳐 뜹니다. 뜨개바탕이 큰 경우에는 고쳐 뜨는 바늘의 호수를 1호 내리면 한 치수 작게 떠집니다. 마찬가지로 뜨개바탕이 작은 경우는 바늘의 호수를 1호 올리면 한 치수 크게 떠집니다. 또한 사이즈대로 떠지지 않았더라도 코디네이트나 입는 방법을 고안하면 결과적으로 흡족하게 마무리 되는 경우도 있습니다.

※ 의류의 조각을 뜨는 순서에 대하여

• 같은 모양을 같은 완성 치수로 뜬다: 뒤 몸판, 앞 몸판, 양 소매의 순서로 뜬다. 특히 소매는 좌우 길이가 달라지지 않도록 시차를 두지 말고 뜨는 것을 추천합니다.

• 실의 양을 확인하고 싶은 경우: 뒤 몸판, 한쪽 소매를 먼저 뜨고, 이 둘의 무게를 잽니다. 이의 2배 분량 + 가장자리 뜨기가 작품의 무게가 됩니다. 그 뒤, 남은 부분을 뜹니다. 가지고 있는 실로 충분한 지 확인하고 싶을 때 편리합니다.

※ 뜨개바탕의 성질에 대하여

뜨개바탕은 옆으로 긴 것은 옆으로, 길이가 긴 것은 길이로 늘어나는 성질이 있습니다. 몸판을 뜨기 시작해서 10㎝이하일 때에는 뜨개바탕이 옆으로 늘어나 있는 상태일지도 모릅니다. 정방형에 가까운 뜨개바탕이 제일 안정적이지만 진동에서 옷단까지의 치수를 생각하면, 15~20㎝ 정도 뜨고 나서 치수나 게이지를 확인하는 것이 좋겠습니다.

## 【자신의 사이즈를 알고 입기 좋은 옷을 뜨기 위해】

자신의 사이즈를 아는 것은 착용감이 좋은 작품을 뜨기 위해 매우 중요합니다. 이 책에서는 여성의 M사이즈를 기본으로 제도해 놓았습니다. 그러나 이는 모든 사람에게 맞는 사이즈는 아닙니다. 우선 가지고 있는 스웨터 중 잘 맞는다고 생각하는 걸 평평하게 펼쳐서 아래 치수를 재 봅시다.

- 가슴둘레(몸의 가장 넓은 부분×2)
- 몸 길이(길이 / 칼라부터 아랫단 끝까지)
- 소매길이(어깨부터 소맷부리까지)
- 화장(뒷목 중심부터 소맷부리까지)

각각의 치수를 뜨고싶은 작품의 사이즈(뜨는 법 페이지에 기재)와 대조하여 맞춰 봅니다. 치수를 잰 스웨터가 얇은 경우 손뜨개는 뜨개바탕이 두꺼워지므로 조금 넉넉하게 뜨는 것이 좋습니다. 치수를 변경하는 것이 좋아 보이는 부분은 미리 정리해 두세요. 그 때에는 무늬 단위로 길게(짧게)하면 전체의 분위기를 훼손하지 않고, 곡선 등의 코 늘림 / 줄임 등도 그대로 쓰는 것이 가능합니다.

전체적으로 한 치수 크게(작게) 하는 데에는, 바늘 호수를 1호 크게(작게)하는 것으로 콧수와 단수를 변경하지 않고 조정 가능합니다

## 【도안의 계산식에 대하여】

도안에 기재된 계산식은 지정된 곡선이나 사선의 코를 늘리고 줄이는 법을 나타냅니다.

- ○—△—※

○단마다 △코를 ※회 늘린다 (줄인다) 라고 읽습니다.

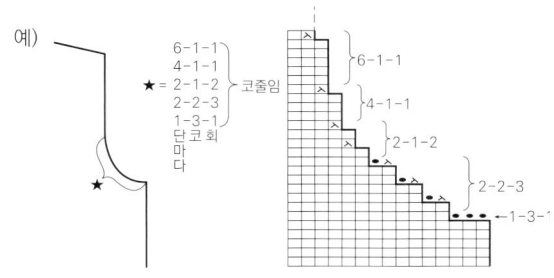

반대쪽의 곡선은 1단 어긋납니다. (2코 이상의 코줄임은 실이 있는 쪽에서 진행합니다.) 증감코를 나타내는 뜨개 도안이 게재되어 있는 것은, 맞춰서 봐 주세요.

## 【메리야스 뜨기를 가지런히 하는 요령】

메리야스뜨기가 가지런하지 않다, 예쁘게 떠지지 않는다는 고민을 가진 사람은 많습니다. 뜨개를 시작한 초기에는 가지런하지 않은 것이 당연하죠. 많이 뜨는 중에 뜨개코가 정리되어 갑니다. 하지만 뜨개코가 가지런한가 아닌가에 관계 없이 열심히 뜬 뜨개코에서는 그 진지함이 전해져서 무엇으로도 대신할 수 없는 것으로 생각됩니다. 하지만, 깔끔하게 뜨기 위한 조금의 요령도 있으니 참고해 주세요.

- 우선 자신의 뜨개코를 관찰한다

뜨개바탕의 겉면이 위에 오도록 둡니다. (손가락으로 걸어 만드는 시작코로 코를 잡은 경우에는 시작코의 실끝이 왼쪽 아래에 있도록 한다.) 뜨개코가 느슨한 곳, 힘줄이 생긴 것 같은 곳을 확인합니다. 전체에 힘줄이 생긴 것처럼 된 경우, 몇 단 째에 그런 경향이 있는 지를 체크합니다.

- 뜨개코가 느슨한 경우

뜨개코가 안정되지 않은 부분(시작 쿠분이나 뜨개바탕의 양쪽), 프랑스식으로 뜨는 경우에는 왼손에 걸린 실을 고쳐 건 후에 뜨개코가 느슨해지기 쉽습니다. 신경써서 실을 당겨서 뜨개코를 바늘의 굵기에 맞추도록 합니다.

- 뜨개바탕에 힘줄이 생긴 것처럼 된 경우

안뜨기(짝수단)을 뜰 때에 뜨개코가 느슨해지면서 힘줄이 생긴 것처럼 되는 경우가 많습니다. 교체형 줄바늘(p.35 참고)로 평면 뜨기를 하는 사람은 한쪽의 바늘의 호수를 1호 내려서 줄과 연결합니다. 막대바늘로 뜨는 사람도 마찬가지로, 2개의 바늘 중 1개를 1호 내려서 준비합니다. 겉뜨기(홀수단)을 뜰 때에는 지정된 호수로, 안뜨기(짝수단)은 1호 내린 바늘로 뜹니다. 그러면 자연스럽게 안뜨기(짝수단)의 뜨개코가 작아집니다. 이렇게 해도 개선되지 않을 때에는 또 1호 내리는 등으로 조정합니다.

프랑스식으로 뜨는 경우에는 안뜨기 할 때 왼손에 걸치는 실을 빡빡하게 (새끼손가락에 1번 감아 만다) 하는 것만으로도 뜨개코가 정리되는 경우도 있습니다.

다음은 의류를 뜰 때 뜨개코가 늘어지는 부분의 대처법입니다.

- 몸판의 목둘레부터 어깨에 걸쳐 코가 느슨하다.

뜨개바탕의 폭이 좁아지면서 코줄임이나 경사뜨기 등의 기법이 들어가면 뜨는 속도가 떨어져서 뜨개코가 느슨해지는 경우가 있습니다. 이는 목둘레나 어깨가 늘어나는 원인도 됩니다. 위의 방법을 참고하여 지금까지의 바늘의 호수에서 더 내리는 것든 추천합니다. (전체의 코가 같은 크기가 될 정도로)

- 소매 길이가 길어졌다.

소매는 몸판보다도 뜨개바탕의 폭이 좁은 경우가 많아, (똑같이 뜬다고 해도) 뜨는 속도가 떨어져서 뜨개코의 높이가 나오기 쉬운 경향이 있기 때문에 제도보다 길게 떠져 버리는 경우가 있습니다. 뜨개코의 높이를 조절하는 것은 그 사람의 습관도 있어서 의외로 어려우므로 단수를 줄여서 뜨는 것을 추천합니다. 이 책에는 작품에 따라서 소매 길이를 변경하기 위한 힌트가 적혀 있으므로 참고해 주세요.

## 【잇기, 꿰매기에 대하여】

"뜨개질"과 "잇기(꿰매기)"는, 전혀 다른 작업이므로 거부감을 가진 사람도 많습니다. 어떤 위치에 바늘을 넣을 지 모르거나 정확하게 이으려고 했는데 어긋나 버리거나 잇기의 실을 어느정도 당기면 좋을 지 모르는 등, 어떻게든 해 온 사람도 많지 않습니까.

다음의 순서로 잇기를 해 보세요. 요령을 손에 넣어서 잇기의 시간이 즐거워지기를 바랍니다.

① 손가락으로 걸어 만드는 시작코의 경우 시작코에 필요한 실(뜨개바탕 폭의 약 3배)+ 솔기 잇기용의 실(40㎝~50㎝)를 예상하여 시작코를 잡습니다. 뜨는 동안에 방해가 되지 않도록 실 끝을 작게 정리해 두세요. 이 실로 바느질을 하면 실 정리할 것이 적어집니다.

② 뜨개바탕이 떠지면 뜨개바탕의 끝에 스팀다리미질을 합니다. 막 완성한 뜨개바탕의 끝은 말려 있는 경우가 많습니다. 이 부분을 평평하게 하기 위해 스팀다리미질을 합니다.

예) 오른쪽 앞 몸판

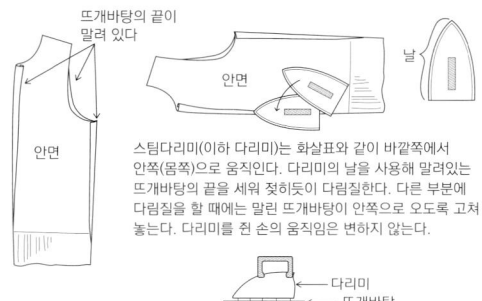

뜨개바탕의 끝이 말려 있다

안면

날

안면

스팀다리미(이하 다리미)는 화살표와 같이 바깥쪽에서 안쪽(몸쪽)으로 움직인다. 다리미의 날을 사용해 말려있는 뜨개바탕의 끝을 세워 젖히듯이 다림질한다. 다른 부분에 다림질을 할 때에는 말린 뜨개바탕이 안쪽으로 오도록 고쳐 놓는다. 다리미를 쥔 손의 움직임은 변하지 않는다.

다리미
뜨개바탕
다리미판

뜨개바탕의 두께만큼 다리미를 띄운다(뜨개바탕에 닿을까 말까 할 정도). 누르지 않는다. 뜨개바탕이 스팀을 머금도록 한다.

끝의 1코와 2코가 평평해지면 뜨개코를 알아보기 쉽게 되어 코와 코의 사이의 싱커루프(떠서 꿰매기는 싱커루프를 한 단씩 줍는다)도 찾기 쉬워집니다.

③ 몸판 옆선이나 소매 옆선을 꿰맬 때에 마주댄 뜨개바탕의 오른쪽은, 왼쪽에 비해 1단 많게 되어 있습니다.

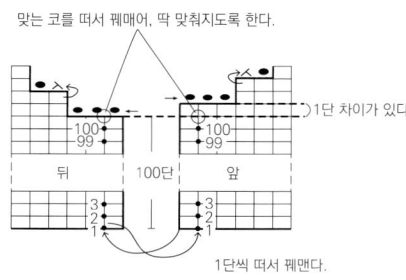

맞는 코를 떠서 꿰매어, 딱 맞춰지도록 한다.

1단 차이가 있다
100 / 99     100 / 99
뒤    100단    앞
3 / 2 / 1    3 / 2 / 1
1단씩 떠서 꿰맨다.

2코 이상의 코줄임은 실이 있는 쪽에서 하므로, 꿰맬 때에 오른쪽이 1단 남는 것은 어쩔 수 없습니다. 진동 둘레의 테두리를 뜨거나 몸판과 소매를 연결하면 이 어긋남은 눈에 띄지 않게 됩니다.

· 어긋남이 커지지 않게 하기 위한 고안

뜰 때에 (예를 들어 처음에는 10단씩, 익숙해지면 20단씩), 단 수 마커(p.35 참고)를 뜨개바탕의 끝에 핀 대신 걸어두고, 이 표시가 맞도록 꿰멥니다. 소매 옆선은 좌우의 늘림코를 같은 단에서 뜨므로 늘림코가 맞춤표시 대신이 됩니다. 1단씩 꿰매서 이으면 늘림코의 위치가 맞을 것입니다. 어긋나 버렸다면 (1코와 2코 사이의 싱커루프가 아닌) 다른 곳을 꿰매고 있는 경우가 있으므로, 풀어가면서 확인합시다.

· 잇기 실, 꿰매기 실의 장력 조절에 관해

2매의 뜨개바탕 딱 한 장의 뜨개바탕이 되도록 원래의 뜨개바탕의 치수가 변하지 않을 정도로 실을 당깁니다. 그 뒤, 안면에서 시접에 스팀다리미질을 하면 이은 부분이 평평해집니다. 양재에서는 봉제 후 시접을 가르듯이 다림질을 하는 마무리가 깔끔합니다. 그것과 똑같은 이치입니다. 잇기를 끝내면, 그 부분(특히 소매 옆선)을 가볍게 팽팽히 잡아당겨 봅니다. 입을 때를 상상해 봅시다. 소매에 팔을 통과시킬 때에 뜨개바탕이 조금 늘어날 것입니다. 그래도 실이 끊어지지 않으면 괜찮습니다. 그것을 확인해 주세요.

## 【마무리에 대하여】

· 뜨는 도중에 실이 끝나버린 경우 (단색으로 뜰 때)

단의 도중에서 실이 끝나 버리면 풀어서 앞 단의 끝까지 돌아갑니다. 5~6㎝ 정도 실을 남기고 자릅니다. 다음에 뜨개바탕의 끝에서 새로운 실을 연결하여(이 때에도 실끝을 5~6㎝ 정도 남기고) 뜨기 시작합니다. 실을 바꾼 부분의, 뜨개코가 느슨해진 부분이 신경쓰이는 경우에는 가볍게 묶어두어도 좋습니다. 잇기를 한 후 시접에 실 정리를 합니다.

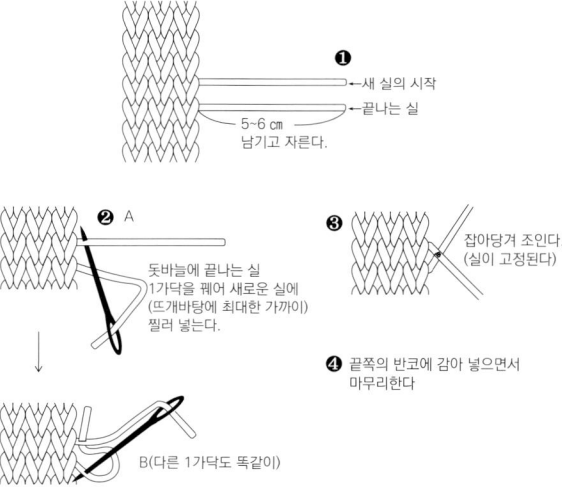

❶ 새 실의 시작
끝나는 실
5~6 ㎝ 남기고 자른다.

❷ A
돗바늘에 끝나는 실 1가닥을 꿰어 새로운 실에 (뜨개바탕에 최대한 가까이) 찔러 넣는다.

B(다른 1가닥도 똑같이)

❸ 잡아당겨 조인다. (실이 고정된다)

❹ 끝쪽의 반코에 감아 넣으면서 마무리한다

단의 중간에서 실을 바꾸면 실 정리한 부분이 겉면에서 티가 나는 경우가 있습니다. 예외적으로, 아란 무늬 등의 무늬와 무늬 사이의 안뜨기가 있는 경우 그 부분에서 실을 변경해도 좋습니다. 안뜨기 부분을 안면에서 보면 겉뜨기가 되므로 시접에 넣는 것과 똑같은 요령으로 실 정리를 하는 것이 가능하여 거의 눈에 띄지 않습니다.

• 잇기, 꿰매기 한 후 실 정리에 대하여

모든 조각을 연결하면 다음은 실 정리 분. 안면을 보면 여기저기에 실이 나와 있어 어떤 식으로 실 정리를 해야 할 지 모르겠는 경우가 있습니다. 또는 필요 이상으로 정리를 한 나머지 뜨개바탕이 딱딱해지거나 시접이 두꺼워지는 경우도 있습니다.

실 정리를 어디에 해야 할지 망설여지면 입은 모습을 상상해 봅시다. 늘어나기 쉬운 곳에 실을 정리해 두면 뜨개의 신축에 맞춰서 실 끝이 나와 버립니다. 목둘레의 근처에 실 끝 정리를 예로 설명하겠습니다. 머리가 드나들면서 목둘레가 늘어나므로 고무뜨기의 세로 방향으로 실 정리를 합니다. 소맷부리도 마찬가지입니다. 입었을 때 되도록이면 신축이 없는 부분을 택하는 것이 요령입니다. 3~4㎝ 정도 반코를 휘감아서 정리하고 실을 자릅니다. 장갑 엄지손가락 실 정리는, 코를 주운 곳의, 구멍이 뚫릴 것 같은 곳을 꿰매면서 엄지손가락의 세로 방향으로 뜨개바탕을 아주 조금 떠서 3㎝ 정도 실을 정리합니다.

울은 계속 입으면서 섬유가 엉기기 때문에 이대로 괜찮습니다. 알파카 등 미끄러지기 쉬운 실은 U자(보통의 실 정리를 한 후 조금 돌아오듯이 바늘을 넣는다)로 실을 통과시킵니다.

## 【단추 선택법, 다는 법】

• 단추 선택법

뜨개가 끝나고, 단추를 달려고 할 때. 어울리는 단추가 좀처럼 눈에 띄지 않는 것은 흔히 있는 일이라고 생각합니다. 그러므로 평소에도 단추 가게, 수예점, 골동품 가게 등에 들렀을 때에 마음에 드는 단추를 사모아두고 있습니다. 3㎝폭의 여밈단을 상정하고, 직경 18㎜정도의 단추를 5~6개라고 하는 구성. 작은 단추라면 많은 개수를 달고 여밈단은 폭을 좁게…… 라는 등 상상을 펼치는 즐거운 시간도 있습니다. 여밈단이 무게로 늘어나지 않도록 가볍고 단춧구멍에 보풀이 생기지 않도록 단추의 끝이 매끄러운 것이 사용하기 좋다고 생각하는 선택 포인트입니다. 또한 가늘고 긴 모양은 단춧구멍을 통과하기 쉽고 디자인 포인트도 됩니다. 마음을 사로잡힐 정도 훌륭한 단추를 만나면 망설이지 않고 사 두어야 합니다. (지갑과도 상담을 해야겠죠.) 언젠가 꼭 순서가 오고, 들여다보고 있는 것만으로 위안이 되는 기쁜 한 때를 보낼 수 있습니다.

• 단추 다는 법

여러가지 방법이 있습니다만, 개인적으로는 지지단추(직경 5㎜ 정도 크기에 구멍이 2개인 단추. 단추 가게에서 팔고 있다)를 대서, 단추 다는 실로 꿰매고 있습니다. 여밈단에 직접 단추를 달면 계속 입으면서 여밈단을 뜬 실이 끊어지는 경우가 있기 때문입니다. 단추와 지지단추로 여밈단을 물어서 뜨개바탕에 부담이 가지 않도록 하고 있습니다. 가는 털실(작품을 뜬 실을 가른 실)이 단추 다는 실보다 뜨개바탕과 잘 어울리지만 강도 면에서는 단추 다는 실이 좋습니다. 단추에 기둥이 없는 경우에는 단추를 잠갔을 때를 생각해 여밈단의 두께만큼 공간이 필요합니다. 단추의 아래에 이쑤시개 등을 끼우고 바느질해 달고, 이쑤시개 등을 제거한 후, 단추의 뿌리 부분에 빙글빙글 실을 감으면 실로 만든 기둥 길이가 고정됩니다.

※ 실을 가르는 방법

실을 풀어서 반쯤의 굵기로 만듭니다. 실의 꼬임을 고쳐가면서 스팀다리미질을 하여 고정합니다.

## 【애프터 케어에 대하여】

• 매일의 손질

한 벌을 매일 입는 것보다 여러 벌을 돌려입는 것으로 섬유에 부담이 가지 않고 오래 입을 수 있습니다. 하루 입은 뒤에는 니트용의 브러시로 솔질합니다. 먼지를 떨고 섬유의 결을 정리합니다. 손뜨개 작품은 조금 두께가 있고 미끄러지지 않는 행거에 걸어서 그늘에서 말립니다. 천연섬유는 그 때의 습도에 맞춰서 호흡하므로, 입는 동안 빨아들인 땀이나 습기를 내보내고 자연의 상태로 돌아옵니다. 그 뒤에 개어서 서랍 등에 정리합니다.

• 세탁에 대해

손뜨개용 실은 대부분 집에서 세탁 가능합니다. 세탁 방법은 실의 라벨에 있는 취급 표시 그림에 따라 주십시요. 손세탁할 때의 방법은 다음과 같습니다.

세면대나 큰 대야에 40℃정도의 따뜻한 물(세탁기호에 숫자가 들어가 있는 경우 그 이하 온도의 물을 준비한다)을 붓고, 필요량의 중성 세제를 풉니다. 니트를 개어서 세제 푼 물에 담급니다. 그리고 살살 눌러 밥니다. 탈수하여 다시 물을 붓고 세제 성분이 남지 않도록 헹굽니다. 다시 가볍게 탈수하여 그늘에서 말립니다. 탈수를 너무 많이 하면 주름이 펴지지 않습니다. 평평하게 눕혀 말리면 좋습니다만 어려울 때에는 빨래줄에 널거나(길이를 반절로 접듯이 하여 줄에 걸고 소매가 늘어나지 않고 자연스러운 형태가 되도록 말린다) 가벼운 니트(베스트 등)은 미끄러지지 않는 행거에 걸거나 해도 좋습니다. 마르면 곧 걷습니다.

중성세제는 여러가지 타입이 있습니다. 내추럴한 향을 즐길 수 있는 것, 환경에 나쁘지 않은 소재라서 적게 헹궈도 좋은 것, 라놀린(양의 유분) 성분을 지키면서 세탁할 수 있는 것 등, 취향에 맞는 것을 선택해 주세요.

• 보관시 주의

계절이 바뀔 때에는 세탁을 한 니트를 밀봉 가능한 의류케이스에 방충제와 함께 보관합니다. 약의 성분이 퍼지도록 너무 빡빡하게 넣지 않도록 해 주세요.

# 작품 만드는 법

p.10 헨리넥 보온 스웨터

재료 [퍼피] 브리티시 에로이카
옅은 베이지(134) 644g
도구 8호(4.5mm), 7호(4.2mm) 대바늘 한 쌍
(줄바늘로 평면 뜨기 하는 경우 (p.41 참고) 8호, 7호 80cm 줄바늘 )
부속 직경 1.8cm 단추 5개, 지지단추(투명) 5개
게이지 무늬뜨기 18.5코 24단 / 10cm×10cm
완성 치수 가슴둘레 102cm, 길이 58.5cm, 화장 70cm

뜨는 법 실은 1가닥으로 지정된 호수의 바늘로 뜹니다.
• 뒤 몸판 뜨기
8호 바늘로 별 사슬에서 줍는 시작코를 95코 만듭니다. 무늬뜨기로 72단까지 뜹니다. 소매아래선은 보조실을 꿰어 쉼코로 두고 계속하여 래글런선을 줄여가면서 무늬뜨기 44단을 뜨고 덮어씌우기 코막음 합니다. 시작코의 사슬을 풀고 7호 바늘로 95코를 줍습니다. 2단 째에서 86코로 균등하게 줄이고 1코 고무뜨기를 18단까지 합니다. 1코 고무뜨기 코막음(평면 뜨기)를 합니다.
• 앞 몸판 뜨기
8호 바늘로 별 사슬에서 줍는 시작코를 95코 만듭니다. 무늬뜨기로 64단까지 뜨고, 지정된 위치에 보조실을 꿰어 쉼코로 둡니다. 좌우로 나눠서 무늬뜨기로 각각 8단을 뜹니다.

소매아래선은 보조실을 꿰어 쉼코로 두고, 계속하여 래글런을 줄여가면서 무늬뜨기를 43단 합니다. 목둘레는 덮어씌우기 코막음 하고 코줄임 해가며 뜹니다. 남은 코는 쉼코로 둡니다. 시작코의 사슬을 풀고 7호 바늘에 95코를 되돌립니다. 2단 째에서 균등하게 코를 줄여서 86코로 줄이고 1코 고무뜨기를 18단까지 뜹니다. 1코 고무뜨기 코막음 합니다.
• 소매 뜨기
8호 바늘로 별 사슬에서 줍는 시작코를 51코 만듭니다. 이어서 코늘림을 해 가며 무늬뜨기를 88단까지 합니다. 소매 아래선에는 보조실을 꿰어 두고, 이어서 무늬뜨기 하며 코를 줄여 소매산을 44단 뜨고, 덮어씌우기 코막음합니다. 시작코의 사슬을 풀어서, 7호 바늘에 51코를 끼웁니다. 2단 째에서 균등하게 46코로 줄여서, 1코 고무뜨기를 14단까지 뜹니다. 1코 고무뜨기 마무리 합니다.
• 앞여밈단 뜨기
7호 바늘로 손가락으로 걸어 만드는 시작코를 11코 잡습니다. 1코 고무뜨기를 40단까지 뜹니다. 왼쪽은 단춧구멍을 만들면서 뜹니다. 1코 고무뜨기 코막음(평면 뜨기)를 합니다.
• 마무리
래글런선, 겨드랑이, 소매선을 꿰매고, 소매아래선을 메리야스 잇기 합니다. (이때 보조실을 제거합니다.) 왼쪽 여밈단 아래쪽은 안면에서 휘갑치기 합니다. 왼쪽 여밈단에 단추를 답니다

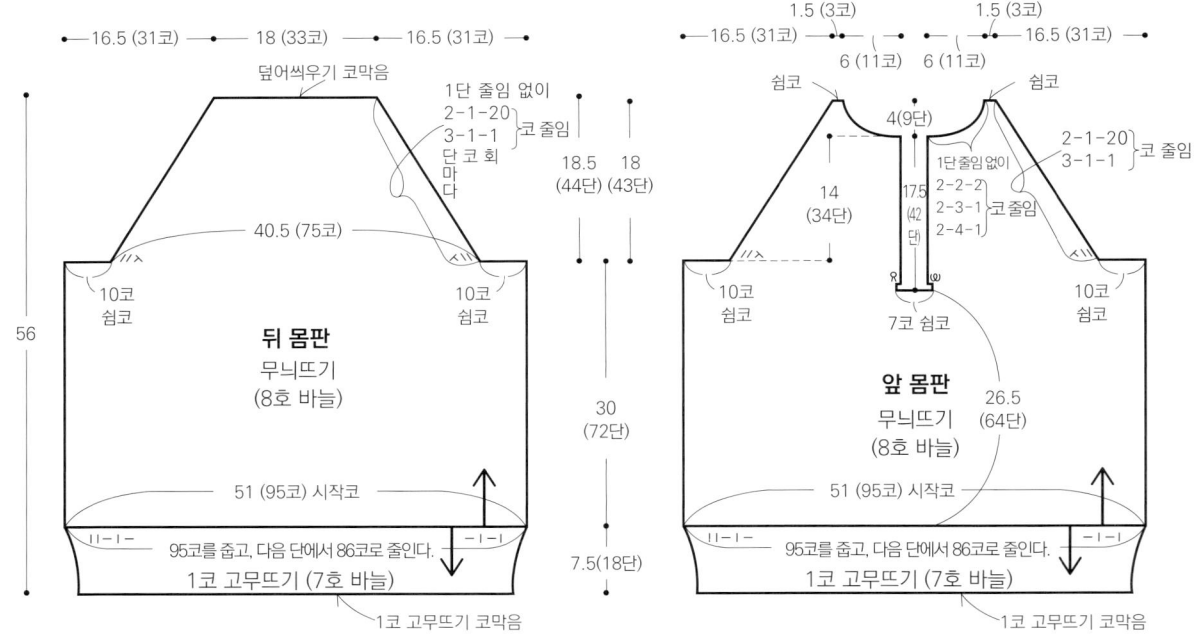

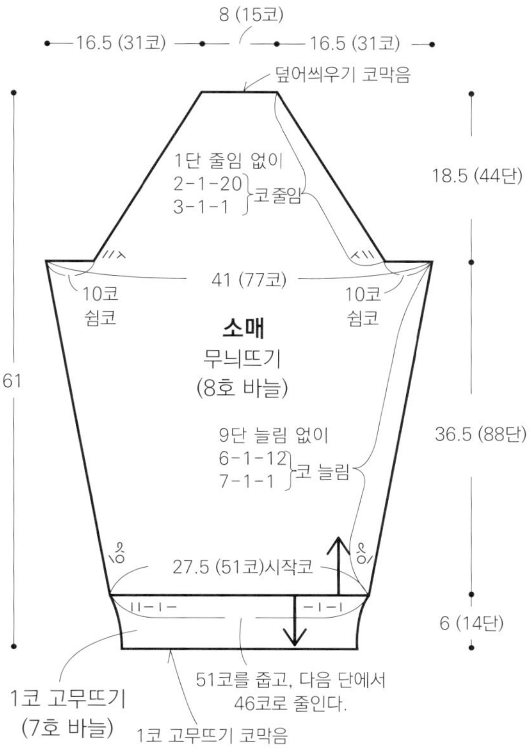

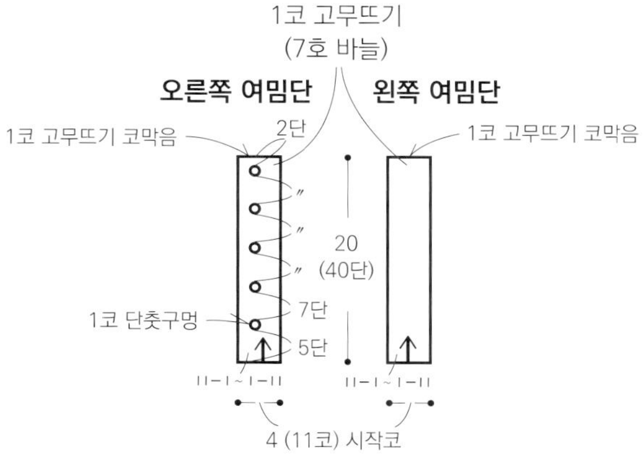

## 소매 (왼쪽 도식)

8 (15코)

←16.5 (31코)→ ←16.5 (31코)→

덮어씌우기 코막음

1단 줄임 없이
2-1-20
3-1-1 }코줄임

18.5 (44단)

10코 쉼코 · 41 (77코) · 10코 쉼코

**소매**
무늬뜨기
(8호 바늘)

61

9단 늘림 없이
6-1-12
7-1-1 }코 늘림

36.5 (88단)

27.5 (51코)시작코

1코 고무뜨기
(7호 바늘)

51코를 줍고, 다음 단에서 46코로 줄인다.

1코 고무뜨기 코막음

6 (14단)

---

## 여밈단

1코 고무뜨기
(7호 바늘)

**오른쪽 여밈단**  **왼쪽 여밈단**

1코 고무뜨기 코막음 · 2단 · 1코 고무뜨기 코막음

20 (40단)

1코 단춧구멍 · 7단 · 5단

||-1-1-|| · 4 (11코) 시작코 · ||-1-1-||

---

## 목둘레
1코 고무뜨기 (7호 바늘)

뒤에서 31코 줍는다

1코 고무뜨기 코막음 · 2.5(6단)

소매에서 13코 줍는다 · 소매에서 13코 줍는다

오른쪽 앞에서 14코 줍는다 · 왼쪽 앞에서 14코 줍는다

오른쪽 여밈단 · 왼쪽 여밈단

떠서 꿰매기

메리야스 잇기

소매 · 소매

떠서 꿰매기 · 떠서 꿰매기

떠서 꿰매기

몸판 앞트임의 쉼코와 오른쪽 여밈단의 아래쪽을
메리야스 잇기 한다.
왼쪽 앞여밈단 아래는 안면에서 감친다.

몸판

---

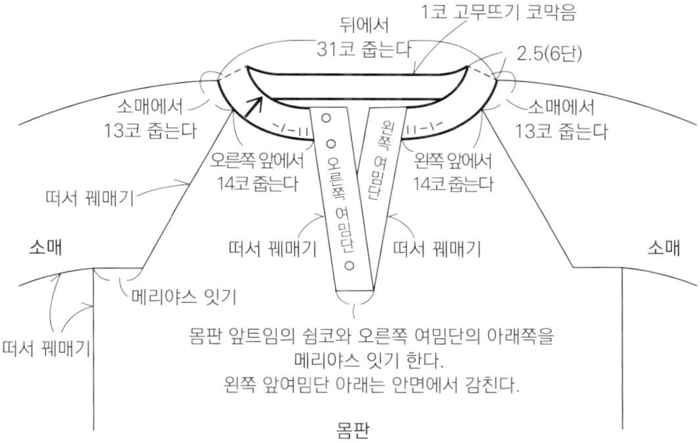

### 몸판, 소매, 목둘레
1코 고무뜨기 (7호 바늘)

※앞 몸판 쉼코의 목둘레 부분에서
코를 주을 때는 중심 3코 모아뜨기로 줍는다.

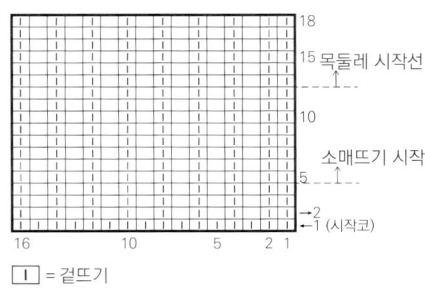

18
15 목둘레 시작선
10
소매뜨기 시작
5
→2
←1 (시작코)
16  10  5  2  1

| | = 겉뜨기
☐ = 안뜨기

---

### 오른쪽 여밈단
1코 고무뜨기 (7호 바늘)

※왼쪽 여밈단은 단춧구멍을 만들지 않고
오른쪽 여밈단의 단춧구멍과 같은 위치에 단추를 단다.

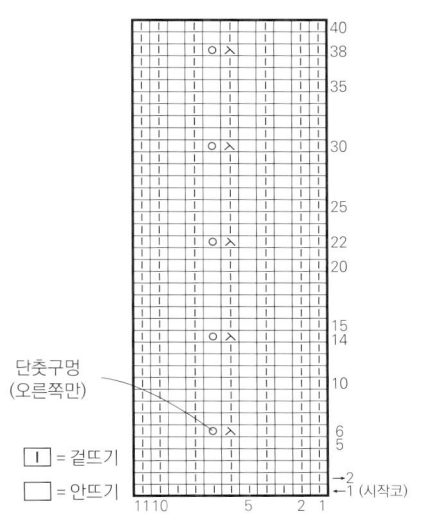

40
38
35
30
25
22
20
15
14
10
6
5
→2
←1 (시작코)

단춧구멍
(오른쪽만)

11 10  5  2  1

| | = 겉뜨기
☐ = 안뜨기

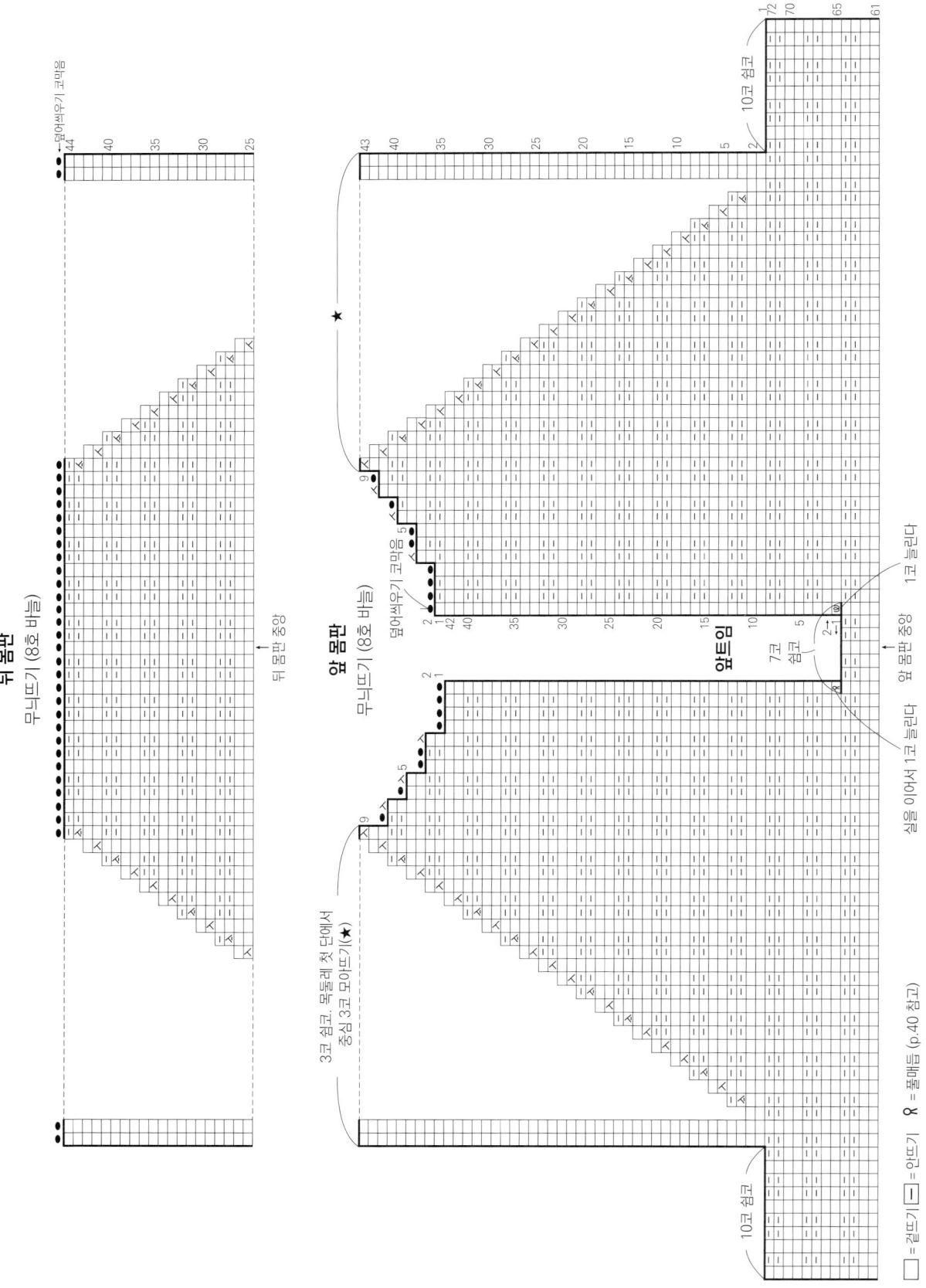

뒤 몸판

무늬뜨기 (8호 바늘)

줄어씌우기 코막음

뒤 몸판 중앙

앞 몸판

무늬뜨기 (8호 바늘)

줄어씌우기 코막음

앞트임

10코 쉼코

7코 쉼코

실을 이어서 1코 늘린다

1코 늘린다

앞 몸판 중앙

3코 쉼코. 목둘레 첫 단에서 중심 3코 모아뜨기(★)

10코 쉼코

□ = 겉뜨기  | = 안뜨기   ⅄ = 풀매듭 (p.40 참고)

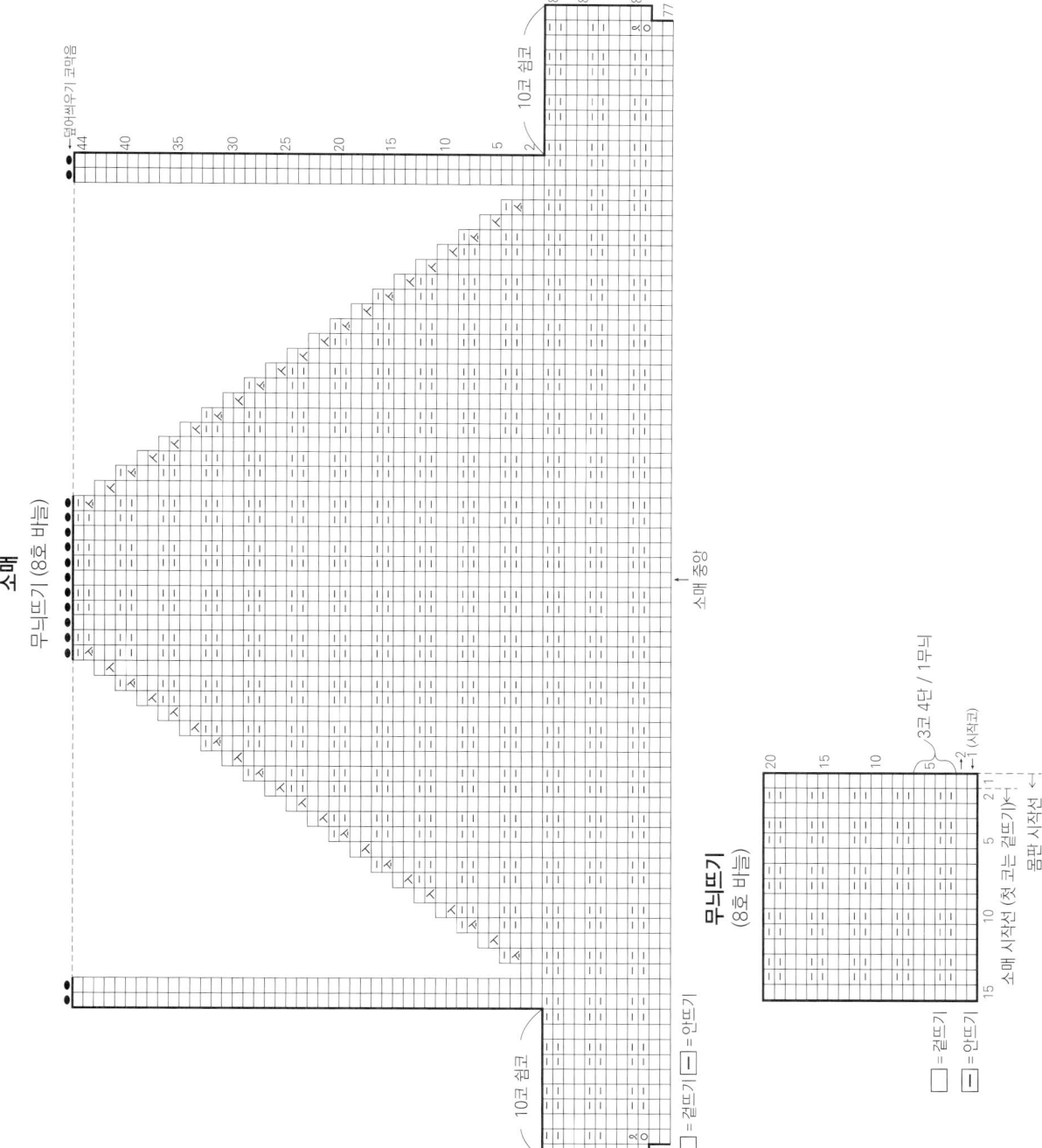

소매

무늬뜨기 (8호 바늘)

덮어씌우기 코막음

10코 접근

10코 접근

소매 중앙

□ = 겉뜨기  |一| = 안뜨기

무늬뜨기
(8호 바늘)

3코 4단 / 1무늬
1 (시작코)

소매 시작선 (첫 코드는 겉뜨기)

몸판 시작선

소매 시작선

□ = 겉뜨기
|一| = 안뜨기

## 도니골 트위드 스웨터

재료　[퍼피] 소프트 도니골 그레이(5221) 514g

도구　9호(4.8mm), 8호(4.5mm) 막대바늘 2개 (줄바늘로 평면 뜨기 하는
　　　경우 (p.41참고) 9호, 8호 80cm 줄바늘, 9호 40cm 줄바늘

게이지　메리야스뜨기 16.5코×23단 / 10cm×10cm

완성 치수　가슴둘레 112cm, 길이 66.5cm, 소매길이 50cm(화장 78cm)

뜨는 법　실은 1 가닥으로 지정 호수의 바늘로 뜹니다.

• 뒤 몸판 뜨기

별 사슬에서 줍는 시작코를 92코 잡습니다. 계속하여 9호 바늘로 메리야
스뜨기를 112단까지 합니다. 어깨는 경사뜨기 하고 (p.73 참고), 쉼코로
둡니다. 목둘레는 덮어씌우기 코막음 하고 코줄임 해가며 뜹니다. 시작코의
사슬을 풀어서, 8호 바늘로 91코로 줄여 코를 줍습니다. 1코 고무뜨기를
24단까지 뜹니다. 1코 고무뜨기 코막음(평면 뜨기)를 합니다.

• 소매 뜨기

별 사슬에서 줍는 시작코를 46코 만듭니다. 이어서 9호 바늘로 메리야스

뜨기로 소매아래선까지 코늘림 해가며 84단까지 뜹니다. 소매산은 경사뜨
기를 하고 쉼코로 둡니다. 시작코의 사슬을 풀고 8호 바늘로 시작코를 45
코로 줄여서 줍습니다. 1코 고무뜨기 코막음(평면 뜨기)를 합니다.

• 마무리

어깨를 빼뜨기로 잇습니다. 목둘레 코를 주워서 8호 바늘로 원통으로 1코
고무뜨기로 8단까지 뜹니다. 몸판과 소매를 코와 단 잇기로 잇습니다. 겨드
랑이는 슬릿 막음부터 소매시작선까지 떠서 꿰매기 합니다. 소매아래선을
떠서 꿰매기 합니다.

포인트

목둘레는 늘어짐을 방지하기 위해 안면에서 빼뜨기를 하면 좋습니다.
(p.41참고) 이 작품은 남성 M 사이즈로 여유있게 제도를 했습니다. 화장이
길면 시작코를 48코 잡고 소매 코늘림 10-1-4 부분을 10-1-3으로 변경
하거나 1코 고무뜨기의 단수를 줄여 소매길이를 짧게 조정해 주세요.

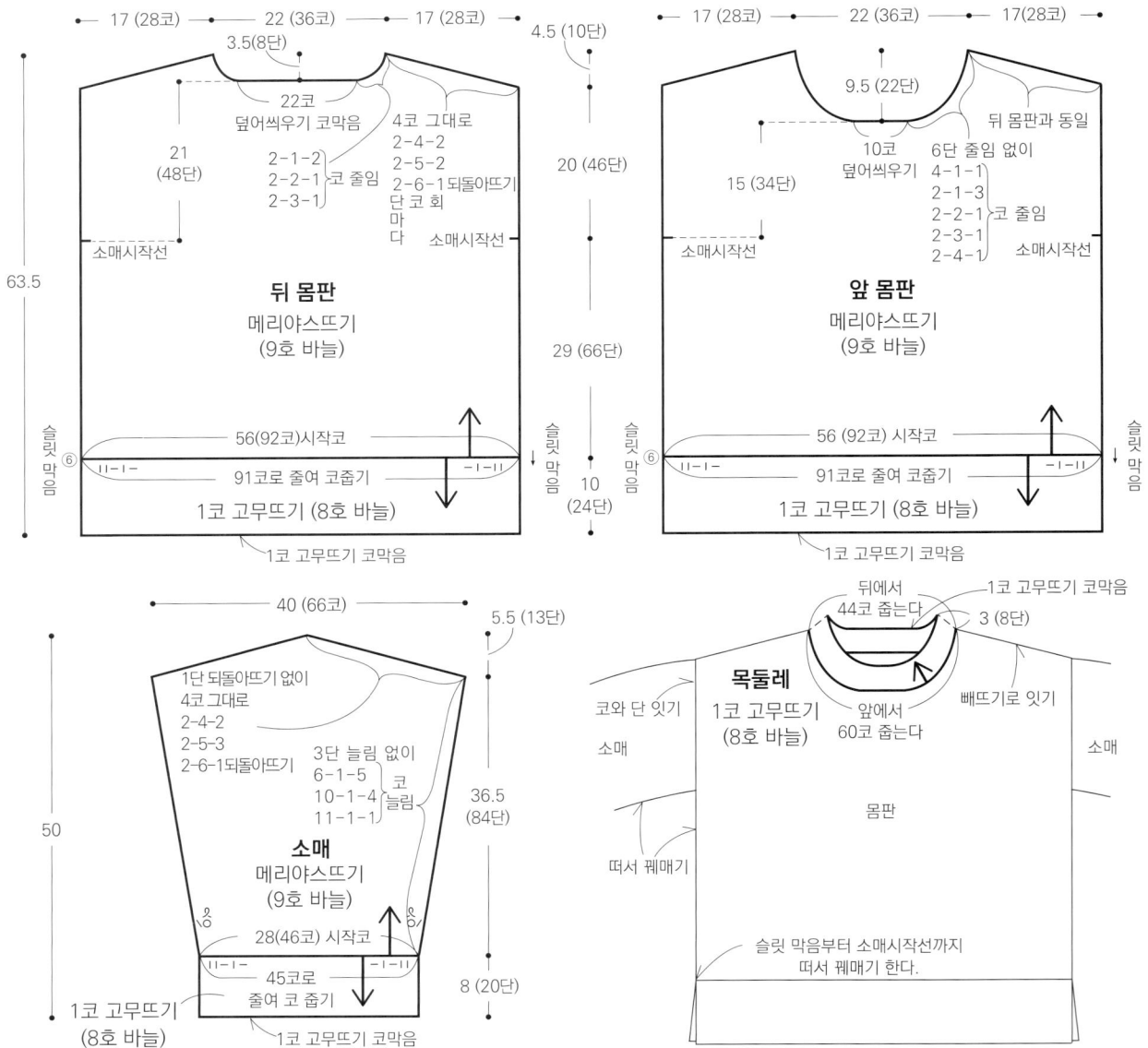

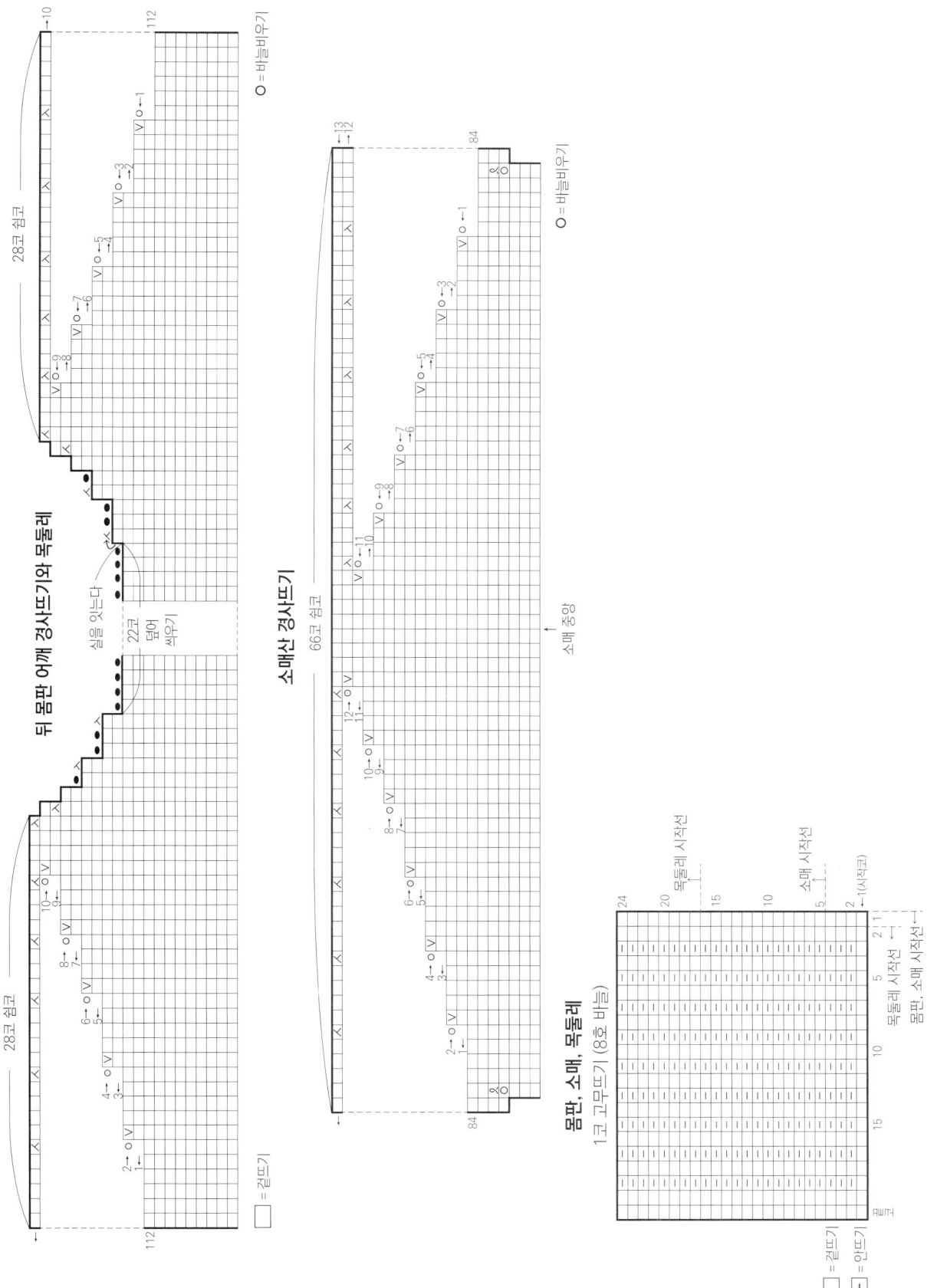

뒤 몸판 어깨 경사뜨기와 목둘레

28코 쉼코

28코 쉼코

O = 바늘비우기

□ = 겉뜨기

실을 잇는다

22코
덮어
씌우기

소매산 경사뜨기

66코 쉼코

소매 중앙

O = 바늘비우기

몸판, 소매, 목둘레
1코 고무뜨기 (8호 바늘)

목둘레 시작선

소매 시작선

1(시작코)

목둘레 시작선

몸판, 소매 시작선

□ = 겉뜨기

─ = 안뜨기

## p.6 Road 베스트     ## p.8 Road 원피스

재료　[다루마] 체비엇 울
　　　베스트 다크네이비(5)343g, **원피스** 에크뤼(1) 700g

도구　베스트 8호(4.5mm), 6호(3.9mm) 대바늘 2개 (줄바늘로 평면 뜨기
　　　하는 경우 (p.41 참고) 8호, 6호 80cm 줄바늘), 6호 40cm 줄바늘
　　　**원피스** 8호, 6호 80cm 줄바늘 (줄바늘로 평면 뜨기), 6호 40cm 줄바늘

게이지　무늬뜨기 A 40코 / 14.5cm, 27 단 / 10cm
　　　무늬뜨기 B 18코 27 단 / 10cm×10cm

완성 치수 베스트 가슴둘레 95cm, 길이 56cm, 어깨 넓이 38.5cm
　　　　　**원피스** 가슴둘레 95cm, 길이 106.5cm, 어깨 넓이 38.5cm

뜨는 법　※ ( )안은 원피스의 콧수, 단수
실은 1 가닥으로 지정 바늘의 호수로 뜹니다.
・앞뒤 몸판
6호 바늘로 손가락으로 걸어 만드는 시작코를 100코(120코) 잡습니다. 계

속해서 1코 고무뜨기, 무늬뜨기 A로 28단(36단)까지 뜹니다. 8호 바늘로 변경하여 무늬뜨기 A, B로 52 단(180단)을 뜨고, 원피스는 코를 줄여가며 뜹니다. 진동 둘레를 줄여가면서 60단을 뜹니다. 어깨는 경사뜨기 하고 쉼 코로 둡니다. 목둘레는 덮어씌우기, 코줄임 해가며 뜹니다.

・마무리
어깨를 빼뜨기로 잇습니다. 목둘레는 코를 주워서 6호 바늘로 원통으로 1 코 고무뜨기를 8단까지 뜹니다. 1코 고무뜨기 코막음(원통 뜨기) 합니다. 옆선은 슬릿 막음부터 시작해서 위로 메리야스 잇기합니다. 진동 둘레는 코를 주워 6호 바늘로 1코 고무뜨기(원통 뜨기)를 8단까지 뜹니다. 1코 고무뜨기 코막음(원통 뜨기)를 합니다.

<u>포인트</u> 원피스는 뜨개바탕의 무게로 잘 늘어나므로, 조각을 이을 때는 단단하게 합니다. 진동 둘레는 늘어남 방지를 위해 안면에서 빼뜨기를 해두면 좋습니다. (p.41 참고)

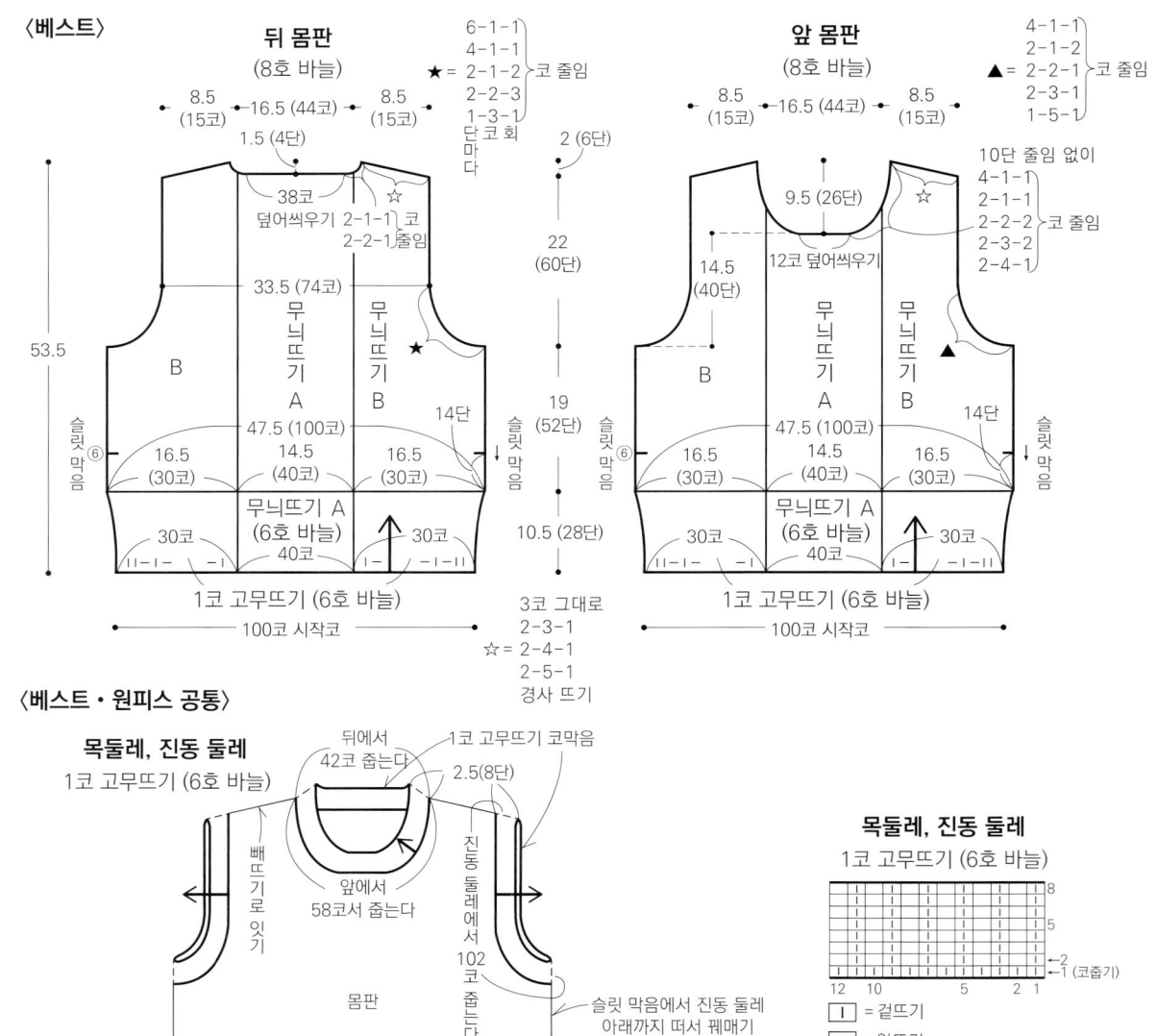

52

## 〈원피스〉

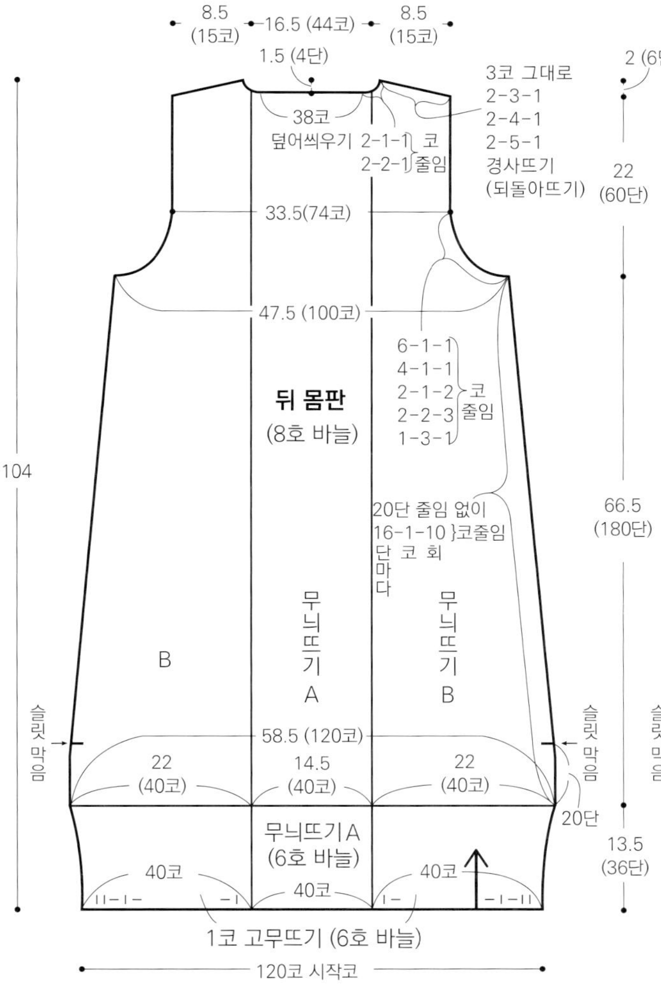

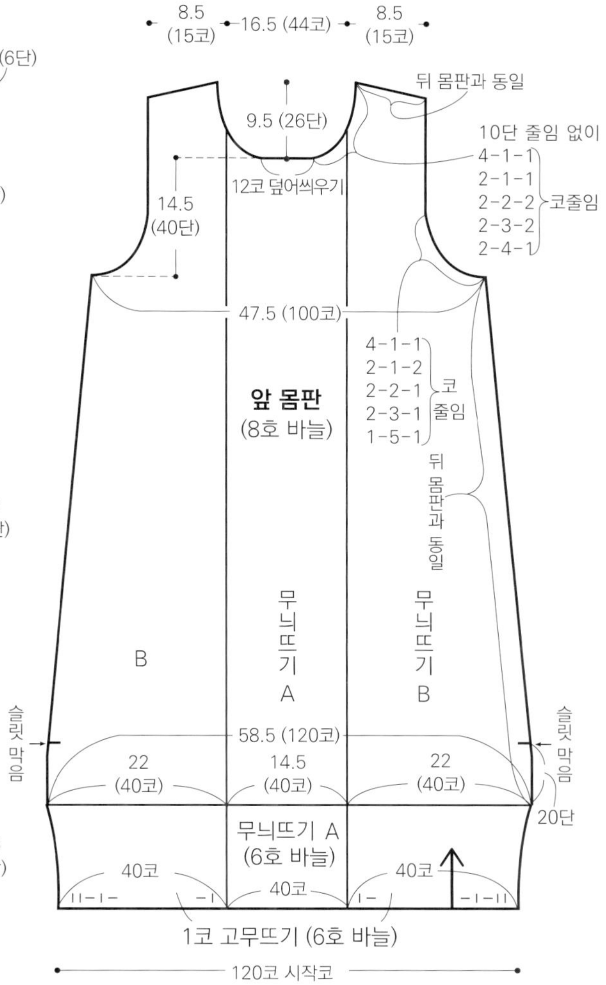

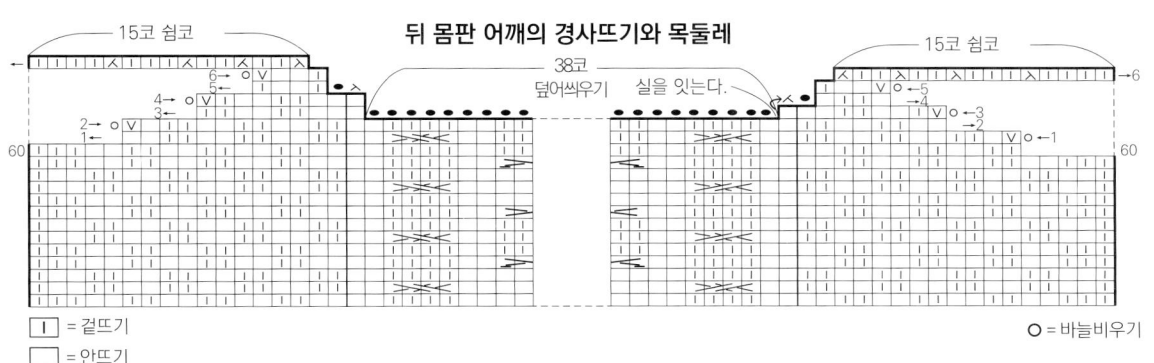

**뒤 몸판 (left diagram)**

8.5 (15코) ← 16.5 (44코) → 8.5 (15코)

1.5 (4단)

38코 덮어씌우기 2-1-1 코 2-2-1 줄임

3코 그대로
2-3-1
2-4-1
2-5-1
경사뜨기
(되돌아뜨기)

2 (6단)

22 (60단)

33.5 (74코)

47.5 (100코)

6-1-1
4-1-1
2-1-2 코
2-2-3 줄임
1-3-1

뒤 몸판
(8호 바늘)

20단 줄임 없이
16-1-10 }코줄임
단 코 회
마 다

104

슬릿 막음

B  무늬뜨기 A  무늬뜨기 B

58.5 (120코)

22 (40코)  14.5 (40코)  22 (40코)

슬릿 막음

20단

무늬뜨기 A (6호 바늘)

40코  40코  40코

1코 고무뜨기 (6호 바늘)

120코 시작코

66.5 (180단)

13.5 (36단)

**앞 몸판 (right diagram)**

8.5 (15코) ← 16.5 (44코) → 8.5 (15코)

9.5 (26단)

뒤 몸판과 동일

12코 덮어씌우기

14.5 (40단)

10단 줄임 없이
4-1-1
2-1-1
2-2-2 코줄임
2-3-2
2-4-1

47.5 (100코)

4-1-1
2-1-2
2-2-1 코
2-3-1 줄임
1-5-1

앞 몸판
(8호 바늘)

뒤 몸판과 동일

B  무늬뜨기 A  무늬뜨기 B

58.5 (120코)

22 (40코)  14.5 (40코)  22 (40코)

슬릿 막음  20단

무늬뜨기 A (6호 바늘)

40코  40코  40코

1코 고무뜨기 (6호 바늘)

120코 시작코

### 뒤 몸판 어깨의 경사뜨기와 목둘레

15코 쉼코

38코 덮어씌우기 실을 잇는다.

15코 쉼코

60    6

6, 5, 4, 3, 2, 1

60

I = 겉뜨기
□ = 안뜨기
O = 바늘비우기

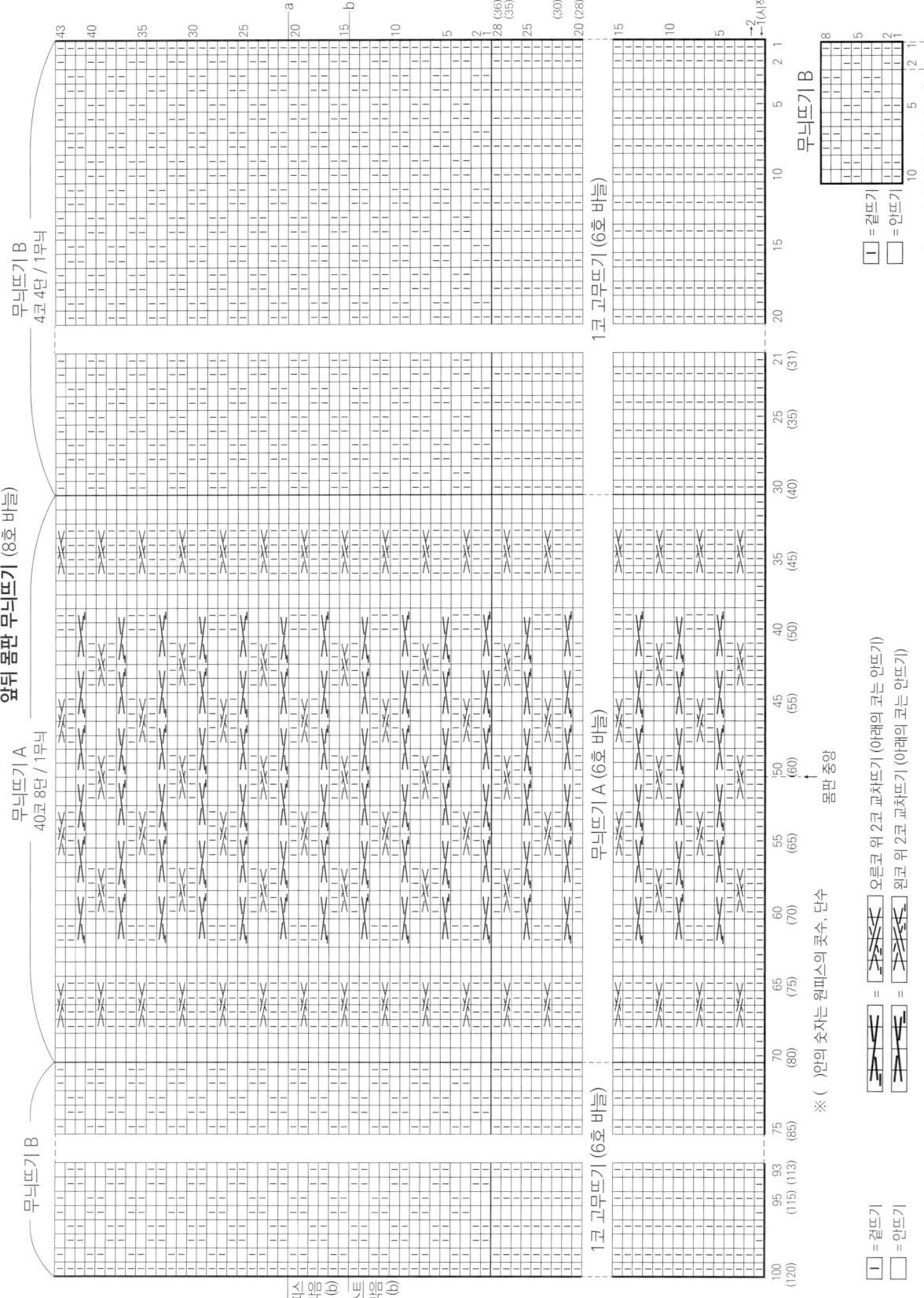

앞뒤 몸판 무늬뜨기 (8호 바늘)

무늬뜨기 B
4코 4단 / 1무늬

무늬뜨기 A
40코 8단 / 1무늬

무늬뜨기 B

무늬뜨기 A (6호 바늘)

1코 고무뜨기 (6호 바늘)

1코 고무뜨기 (6호 바늘)

무늬뜨기 B

몸판 중앙

※ ( )안의 숫자는 원피스의 콧수, 단수

원피스
슬릿 마음 (b)

베스트
슬릿 마음 (b)

$\square$ = 겉뜨기
$\square$ = 안뜨기

= 오른코 위 2코 교차뜨기 (아래의 코는 안뜨기)

= 왼코 위 2코 교차뜨기 (아래의 코는 안뜨기)

무늬뜨기 B

베스트 시작선 (맨 끝은 겉뜨기)
원피스 시작선

$\square$ = 겉뜨기
$\square$ = 안뜨기

54

p.9  **밤하늘 머플러**

<u>재료</u>  [다루마] 공기를 섞어 실로 만든 울 알파카 네이비(6) 101g, 에크뤼(1) 70g
<u>도구</u>  4호(3.3mm) 짧은 바늘 5개 (매직루프로 뜨는 경우 (p.41 참고) 4호 80cm 줄바늘)
<u>게이지</u>  배색무늬 28코 26단 / 10cm×10cm
<u>완성 치수</u>  폭 13cm, 길이 141cm

<u>뜨는 법</u>  실은 1가닥으로 지정 배색으로 뜹니다. 별 사슬에서 줍는 시작코를 74코 잡아 원통으로 만듭니다. 계
속해서 에크뤼 실로 메리야스뜨기를 3단까지 합니다. 배색무늬를 361단 뜹니다. 마지막으로 에크뤼 실로 메리
야스뜨기를 3단 하고 덮어씌우기 코막음 합니다. 시작코의 사슬을 풀고 코를 줍습니다. 에크뤼 실로 덮어씌우기
코막음 합니다.

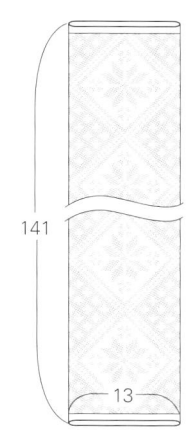

141

13

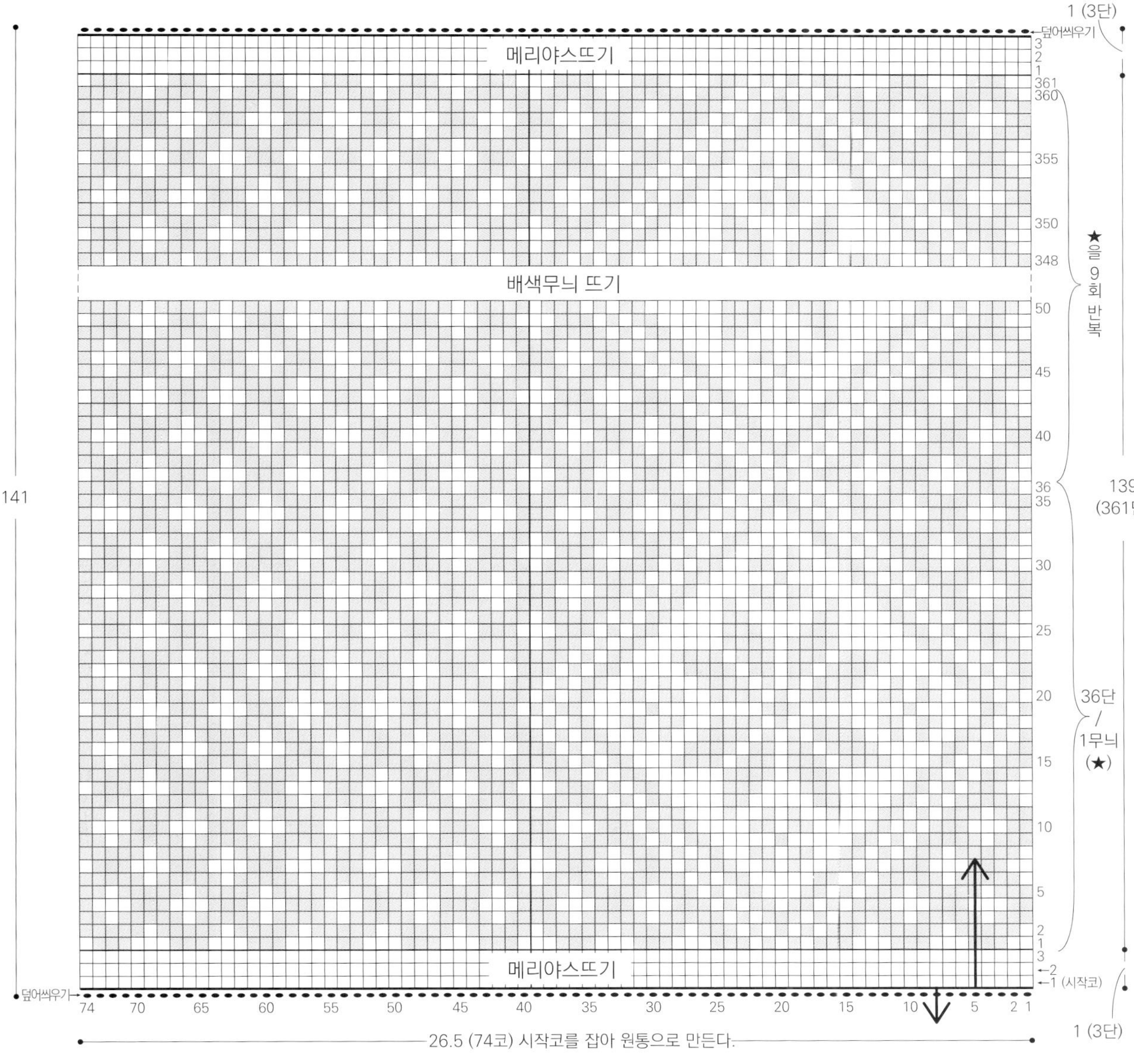

메리야스뜨기

배색무늬 뜨기

메리야스뜨기

141

1 (3단)
덮어씌우기
3
2
1
361
360

355

350
348

50

45

40

36
35

30

25

20

15

10

5

3
2
1
3 ←2
←1 (시작코)

★을
9
회
반
복

139
(361단)

36단
/
1무늬
(★)

1 (3단)

덮어씌우기
74  70  65  60  55  50  45  40  35  30  25  20  15  10  5  2 1

26.5 (74코) 시작코를 잡아 원통으로 만든다

□ = 겉뜨기    □ 에크뤼(바탕실)    □ 네이비(배색실)

55

## p.8 밤하늘 미니 백

**재료** [다루마] 공기를 섞어 실로 만든 울 알파카 네이비(6) 10g,
에크뤼(1) 10g

**도구** 5호(3.6mm) 짧은 바늘 5개
(매직루프로 뜨는 경우 (p.41 참고) 5호 80cm 줄바늘)

**부속** 안감용 원색의 목면 16×36cm
손잡이용 가죽 폭 1cm×120cm
직경 1cm의 똑딱단추 1쌍
바느질실

**게이지** 배색무늬 뜨기 26코 27단 / 10cm×10cm

**완성 치수** 폭 14cm, 길이 15.5cm(손잡이 미포함)

**뜨는 법**

· 본체 뜨기

실은 1가닥으로 지정 배색으로 뜹니다. 별 사슬에서 줍는 시작코를 74코 잡아 원통으로 만듭니다. 에크뤼 실로 메리야스뜨기를 3단까지 합니다. 배색무늬를 37단 뜹니다. 마지막으로 에크뤼 실로 메리야스뜨기를 3단 하고 마무리는 덮어씌우기 코막음합니다. 에크뤼 실로 덮어씌우기 코막음 합니다.

· 뜨개바탕 잇기

뜨개바탕을 뒤집어서 시작코의 사슬을 풀고 코를 줍습니다. 37코씩 나누고 뜨개바탕을 반으로 접어 바탕실로 빼뜨기로 잇기 합니다.

· 안감을 달아 완성

안감을 박고 입구의 안면에 똑딱단추를 박습니다. 뜨개바탕 안에 안감을 겉이 보이게 넣고 입구를 공그르기하여 답니다. 손잡이 가죽에 구멍을 뚫어서 양쪽에 바느질합니다.

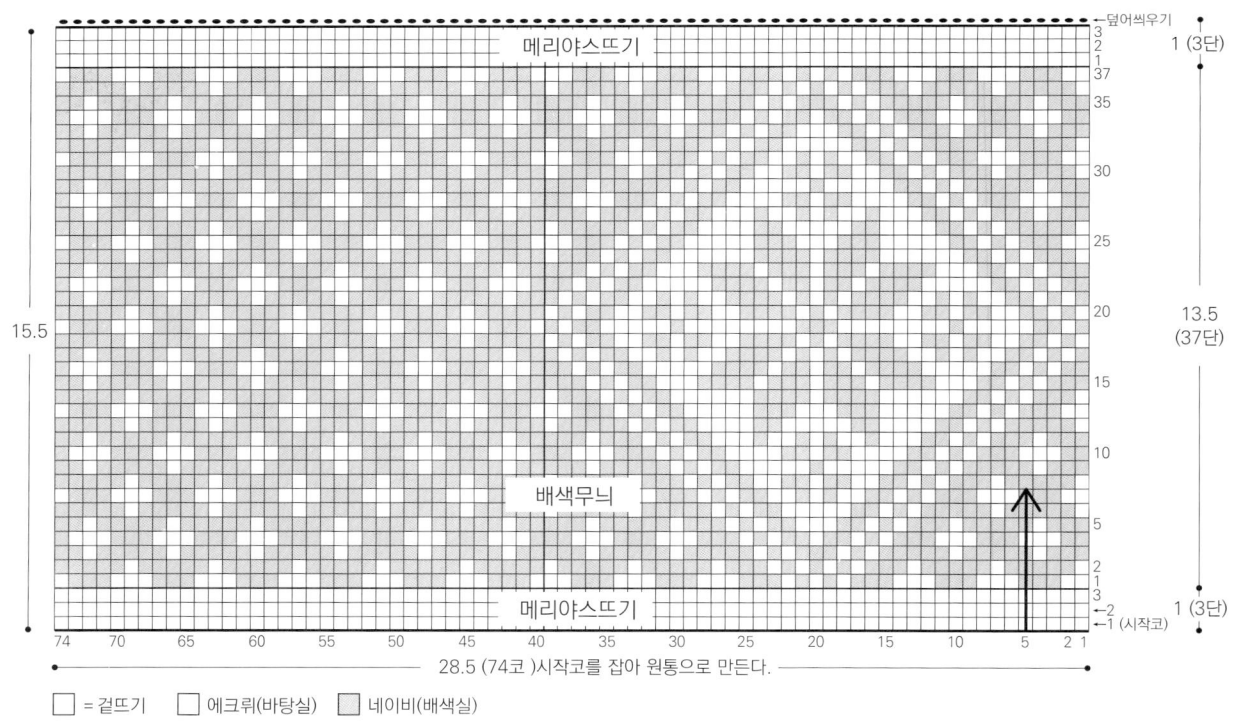

= 겉뜨기 □ 에크뤼(바탕실) □ 네이비(배색실)

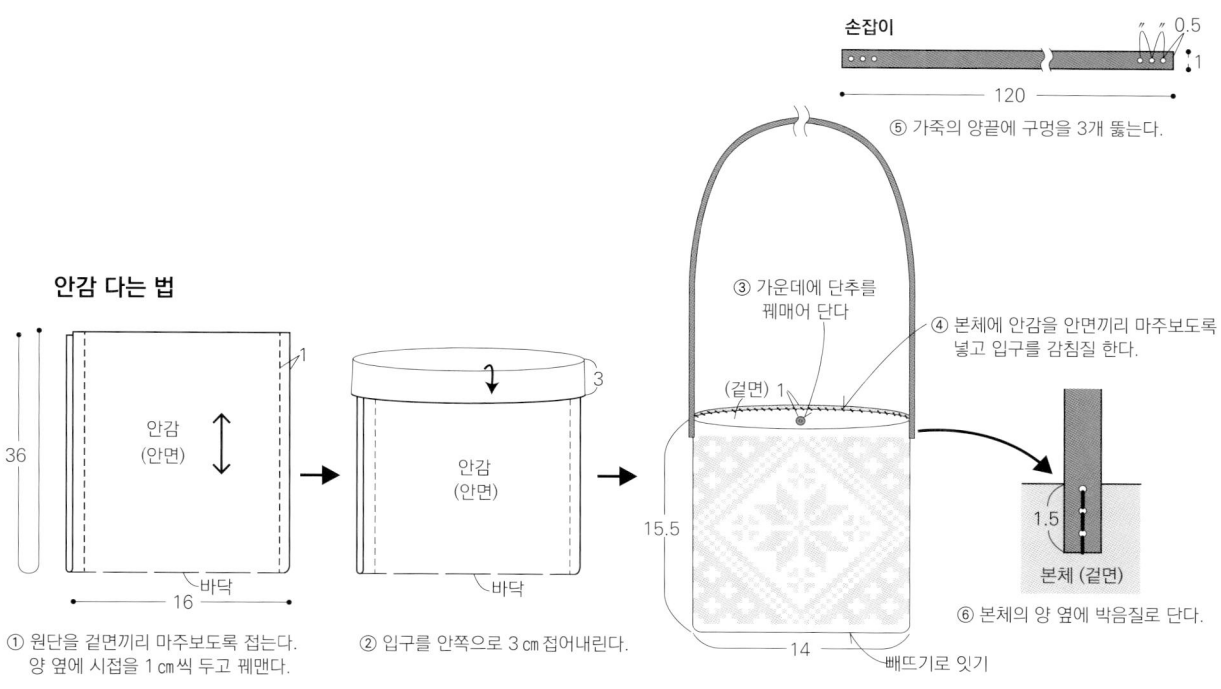

**안감 다는 법**

36
16

안감
(안면)

바닥

① 원단을 겉면끼리 마주보도록 접는다.
양 옆에 시접을 1 cm씩 두고 꿰맨다.

안감
(안면)

바닥

3

② 입구를 안쪽으로 3 cm 접어내린다.

손잡이
120
0.5
1

⑤ 가죽의 양끝에 구멍을 3개 뚫는다.

③ 가운데에 단추를
꿰매어 단다

④ 본체에 안감을 안면끼리 마주보도록
넣고 입구를 감침질 한다.

(겉면) 1

15.5

14

배뜨기로 잇기

1.5

본체 (겉면)

⑥ 본체의 양 옆에 박음질로 단다.

---

p.12    **겨우살이 스웨터**

재료   [다루마] 셰틀랜드 울, 초콜릿(3) 320g, 오트밀(2) 33g,
      포레스트그린(12) 13g, 머스타드(6) 8g
도구   5호(3.6mm), 4호(3.3mm) 대바늘 2개 (줄바늘로 평면 뜨기하는 경우
      (p.41 참고) 5호, 4호 60cm 줄바늘), 6호(3.9mm) 80cm 줄바늘,
      40cm 줄바늘
게이지  메리야스뜨기 23.5코 31 단 / 10cm×10cm
      배색뜨기 24코 27 단 / 10cm×10cm
완성치수 가슴둘레 94cm, 길이 57cm, 화장 69cm

**뜨는 법**
실은 1 가닥으로 지정된 배색, 지정 호수의 바늘로 뜹니다.
• 뒤 몸판 뜨기
5호 바늘로 별 사슬에서 줍는 시작코를 110코 잡습니다. 이어서 메리야스
뜨기로 90단까지 뜹니다. 소매아래선은 보조실을 꿰어 쉼코로 두고, 계속
해서 도중에 요크선을 줄여가면서 메리야스뜨기로 래글런선을 26단 뜨고,
남은 실은 쉼코로 둡니다. 실을 연결하여 요크선을 덮어씌운 후에 좌우대칭
으로 뜹니다. 남은 코는 쉼코로 둡니다. 시작코의 사슬을 풀어서, 4호 바늘
로 110코를 줍습니다. 2단 째에서 100코로 균등하게 줄여서, 1코 고무뜨
기를 24단까지 뜹니다. 1코 고무뜨기 코막음(평면 뜨기)를 합니다.
• 앞 몸판 뜨기
5호 바늘로 별 사슬에서 줍는 시작코를 110코 잡습니다. 이어서 메리야스
뜨기로 86단까지 뜹니다. 계속해서 도중에 요크선을 줄여가면서 메리야스
뜨기로 90단까지 뜨면 소매아래선에는 보조실을 꿰어 쉼코로 둡니다. 래글
런선을 줄여가면서 18단을 뜨고 남은 코는 쉼코로 둡니다. 실을 연결하여
요크선을 덮어씌운 후에는 좌우대칭으로 뜹니다. 시작코의 사슬을 풀어서

4호 바늘로 110코를 줍습니다. 2단 째에는 100코로 균등하게 줄여서
1코 고무뜨기로 24단까지 뜹니다. 1코 고무뜨기 코막음(평면 뜨기)를 합
니다.
• 소매 뜨기
오른쪽 소매는 5호 바늘로 별 사슬에서 줍는 시작코를 60코 잡습니다. 계
속해서 메리야스뜨기로 코를 늘려가며 118단까지 뜹니다. 소매아래선에는
보조실을 꿰어 쉼코로 둡니다. 메리야스뜨기로 도중에 요크선을 줄여가면
서 래글런선을 18단 뜨고 남은 코는 쉼코로 둡니다. 실을 이어서 요크선을
덮어씌우고 똑같이 감소시키며 26단을 뜨고, 남은 코를 쉼코로 둡니다. 시
작코의 사슬을 풀고 4호 바늘로 60코를 줍습니다. 1코 고무뜨기를 20단
까지 뜹니다. 1코 고무뜨기 코막음(평면 뜨기)를 합니다. 왼쪽소매는 대칭
으로 뜹니다.
• 요크, 목둘레 뜨기
6호 바늘로 왼쪽 소매, 앞 몸판, 오른쪽 소매, 뒤 몸판의 순서로 요크선에서
코를 줍습니다. 요크는 배색무늬 뜨기를 코를 줄여가며 38단까지 합니다.
4호 바늘로 바꿔서 1코 고무뜨기를 8단 뜹니다. 1코 고무뜨기 코막음 합
니다.
• 마무리
래글런선, 옆선, 소매 옆선을 떠서 꿰매기 하고, 소매아래선은 메리야스 잇
기 합니다. 요크 부분은 털실(머스타드) 1 가닥으로 크로스스티치를 합니다.

포인트   크로스스티치의 교차하는 방향을 통일하면 깔끔합니다.

57

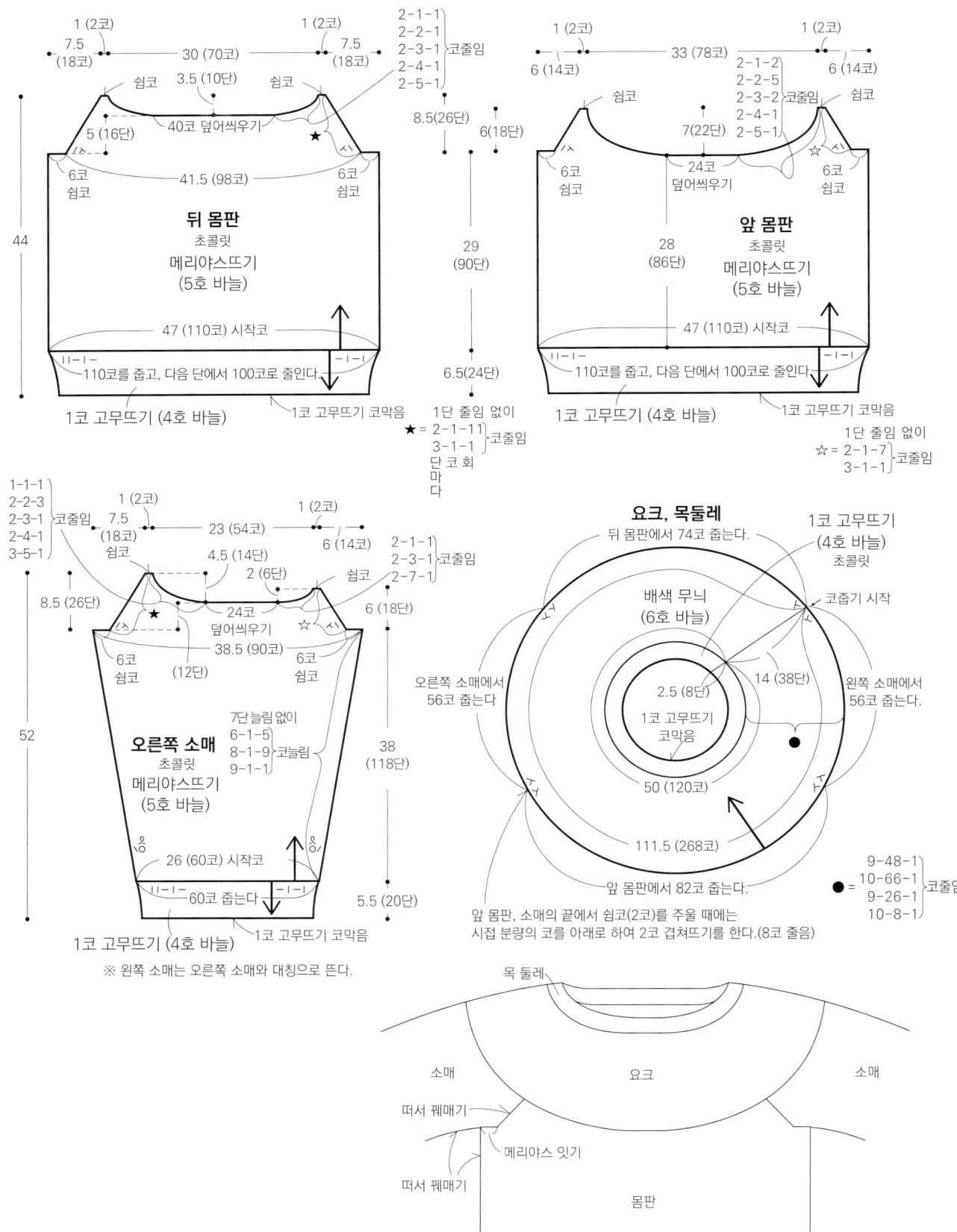

**뒤 몸판**
초콜릿
메리야스뜨기
(5호 바늘)

1 (2코)
7.5 (18코)
30 (70코)
7.5 (18코)
1 (2코)

2-1-1
2-2-1
2-3-1 코줄임
2-4-1
2-5-1

쉼코
3.5 (10단)
쉼코
40코 덮어씌우기
8.5(26단)
6(18단)

5 (16단)
6코 쉼코
41.5 (98코)
6코 쉼코

44

29 (90단)

47 (110코) 시작코

6.5(24단)

110코를 줍고, 다음 단에서 100코로 줄인다.

1코 고무뜨기 (4호 바늘)
1코 고무뜨기 코막음

1단 줄임 없이
★ = 2-1-11
3-1-1 단 코 회
코줄임 마 다

**앞 몸판**
초콜릿
메리야스뜨기
(5호 바늘)

1 (2코)
6 (14코)
33 (78코)
6 (14코)
1 (2코)

2-1-2
2-2-5
2-3-2 코줄임
2-4-1
2-5-1

쉼코
7 (22코)
쉼코
24코 덮어씌우기

6코 쉼코
6코 쉼코

28 (86단)

47 (110코) 시작코

110코를 줍고, 다음 단에서 100코로 줄인다.

1코 고무뜨기 (4호 바늘)
1코 고무뜨기 코막음

1단 줄임 없이
☆ = 2-1-7
3-1-1 코줄임

1-1-1
2-2-3
2-3-1 코줄임
2-4-1
3-5-1

1 (2코)
7.5 (18코)
23 (54코)
6 (14코)
1 (2코)

쉼코
4.5 (14단)
2 (6단)
쉼코

2-1-1
2-3-1 코줄임
2-7-1

8.5 (26단)
6 (18단)

24코 덮어씌우기

6코 쉼코
38.5 (90코)
6코 쉼코

(12단)

**오른쪽 소매**
초콜릿
메리야스뜨기
(5호 바늘)

52

7단 늘림 없이
6-1-5
8-1-9 코늘림
9-1-1

38 (118단)

26 (60코) 시작코

60코 줍는다

5.5 (20단)

1코 고무뜨기 (4호 바늘)
1코 고무뜨기 코막음

※ 왼쪽 소매는 오른쪽 소매와 대칭으로 뜬다.

**요크, 목둘레**
뒤 몸판에서 74코 줍는다.

1코 고무뜨기
(4호 바늘)
초콜릿

배색 무늬
(6호 바늘)

코줍기 시작

오른쪽 소매에서 56코 줍는다

2.5 (8단)
1코 고무뜨기
코막음

14 (38단)

왼쪽 소매에서 56코 줍는다.

50 (120코)

111.5 (268코)

앞 몸판에서 82코 줍는다.

9-48-1
● = 10-66-1
9-26-1 코줄임
10-8-1

앞 몸판, 소매의 끝에서 쉼코(2코)를 주울 때에는
시접 분량의 코를 아래로 하여 2코 겹쳐뜨기를 한다.(8코 줄음)

목 둘레

소매
요크
소매

떠서 꿰매기
메리야스 잇기
떠서 꿰매기

몸판

58

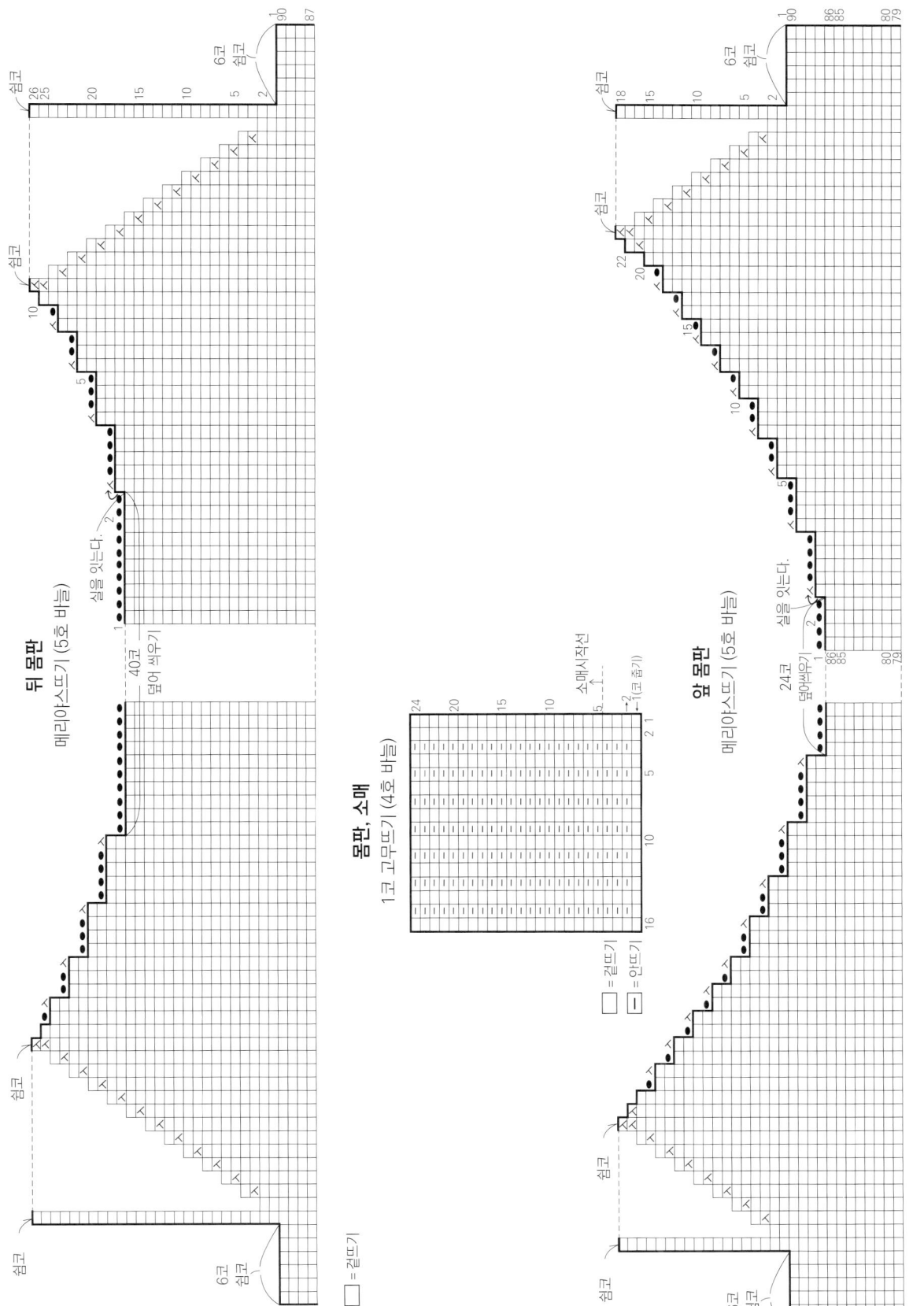

뒤 몸판

메리야스뜨기 (5호 바늘)

쉼코

6코
쉼코

40코
덮어 씌우기

실을 잇는다.

쉼코

쉼코

몸판, 소매

1코 고무뜨기 (4호 바늘)

소매시작선

□ = 겉뜨기
─ = 안뜨기

앞 몸판

메리야스뜨기 (5호 바늘)

쉼코

6코
쉼코

24코
덮어 씌우기

실을 잇는다.

쉼코

6코
쉼코

□ = 겉뜨기

□ = 겉뜨기

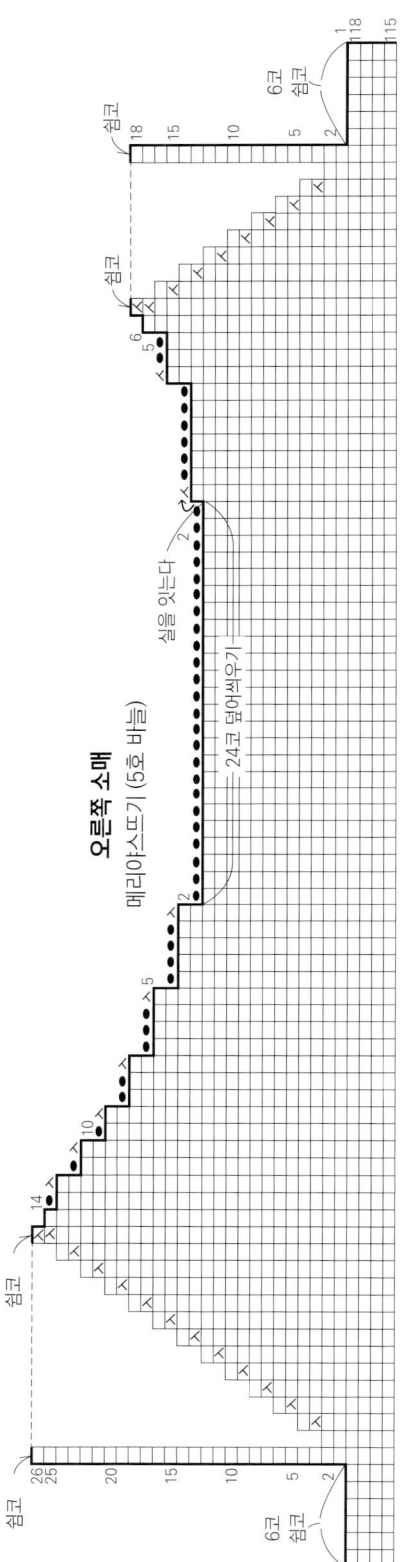

오른쪽 소매

메리야스뜨기 (5호 바늘)

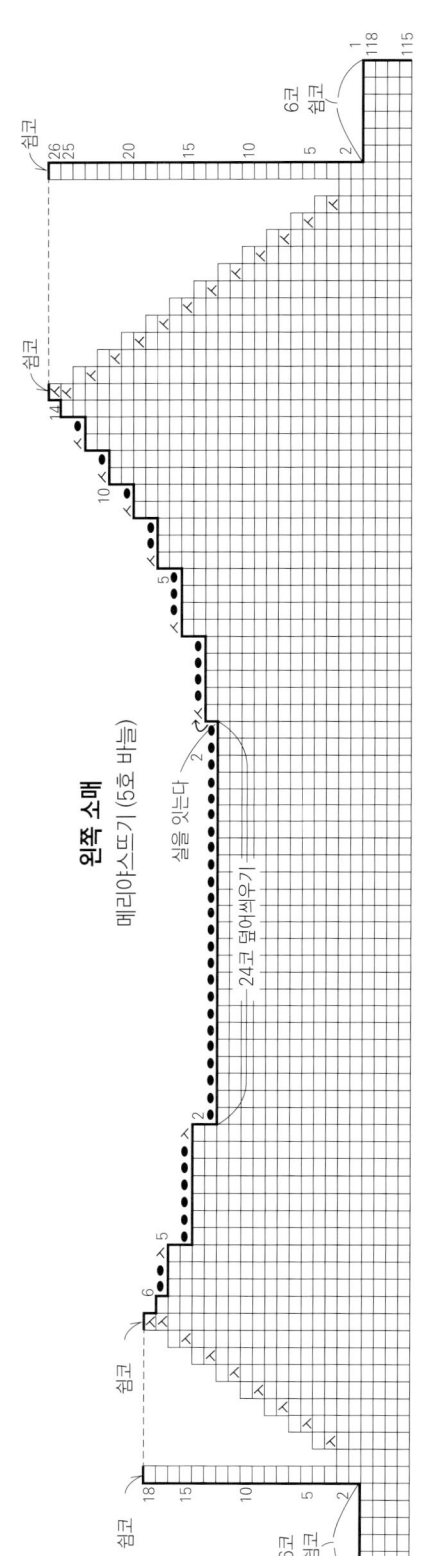

왼쪽 소매

메리야스뜨기 (5호 바늘)

= 겉뜨기

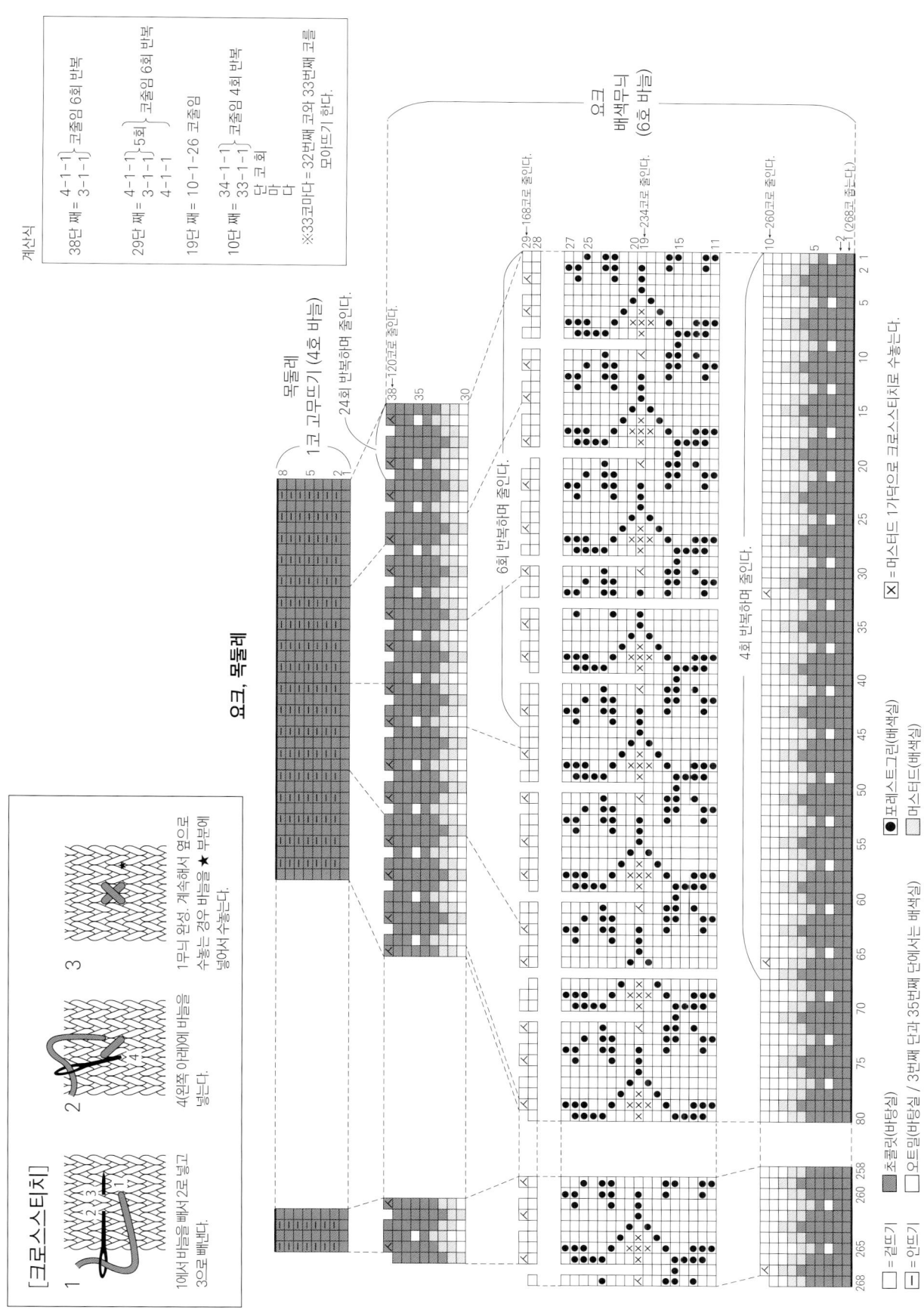

요크, 목둘레

## 고틀란드 꽃 베스트

**재료** [제이미슨즈 스피닝(셰틀랜드)] 스핀드리프트
그레이(103 / Sholmit) 158g,
진남색(730 / Dark Navy) 81g

**도구** 3호(3.0mm) 80cm, 60cm, 40cm 줄바늘, 2호(2.7mm) 60cm, 40cm 줄
바늘 (매직루프로 뜨는 경우 (p.41참고) 3호, 2호 80cm 줄바늘)

**게이지** 배색무늬 31코 32단 / 10cm×10cm

**완성치수** 가슴둘레 93cm, 길이 58.5cm, 뒤 어깨너비 (36.5cm)

**뜨는 법** 실은 1 가닥으로 지적된 배색, 바늘 호수로 뜹니다.

**• 앞뒤 몸판 뜨기**
3호 바늘로 별 사슬에서 줍는 시작코를 288코 잡아 원통으로 만듭니다
(p.38 참고). 배색무늬를 86단까지 뜹니다. 진동 둘레, 목둘레 스틱을 뜨면
서 (p.38 참고) 74단을 뜹니다. 앞 몸판은 겉면끼리 마주대고 어깨와 스틱
을 연결하여 스틱을 자릅니다. (p.38, 39 참고)

**• 마무리**
진동 둘레, 목둘레에서 2호 바늘로 코를 줍고 (p.39 참고) 원통 뜨기로 2코
고무뜨기를 10단까지 뜹니다. 2코 고무뜨기 코막음(원통 뜨기)을 합니다.
스틱을 처리합니다(p.39 참고). 몸판의 시작코에서 사슬을 풀어서 코를 원
통으로 줍습니다. 2코 고무뜨기로 22단까지 뜹니다. 2코 고무뜨기 코막음
(원통 뜨기)을 합니다

**포인트**
몸판 시작코와 아랫단의 줍는 콧수가 같기 때문에 아랫단(2코 고무뜨기)부
터 뜨기 시작해도 상관 없습니다. 이 경우, 손가락으로 걸어 만드는 코를 잡
아도 좋습니다. 또한 2코 고무뜨기 코막음은 덮어씌우기 코막음(겉코는 겉
뜨기, 안코는 안뜨기 해가면서) 해도 괜찮습니다. 다만, 목둘레는 머리가 들
어가는 지 확인해 주세요.

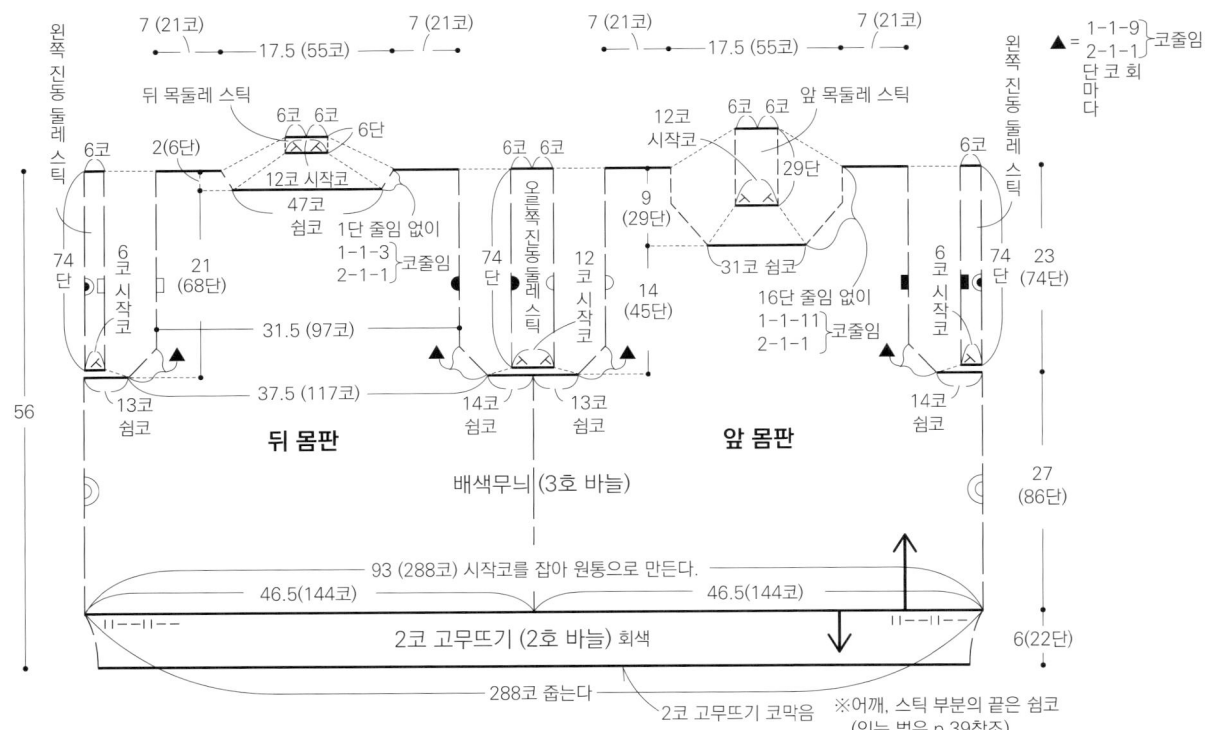

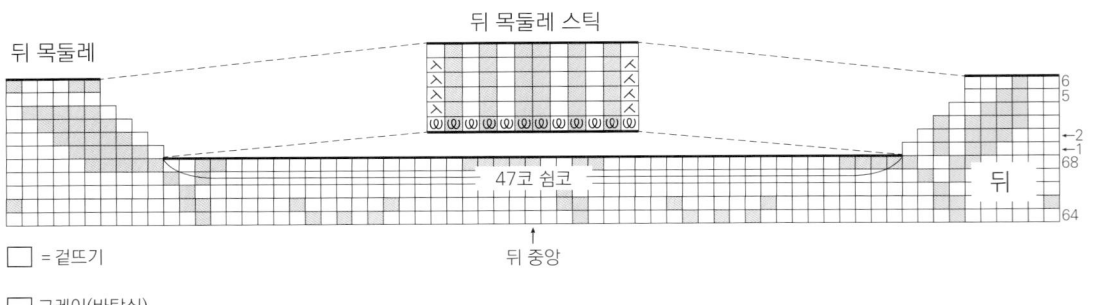

뒤 중앙

□ = 겉뜨기

□ 그레이(바탕실)
▨ 진남색(배색실)

## 배색 무늬(3호 바늘)

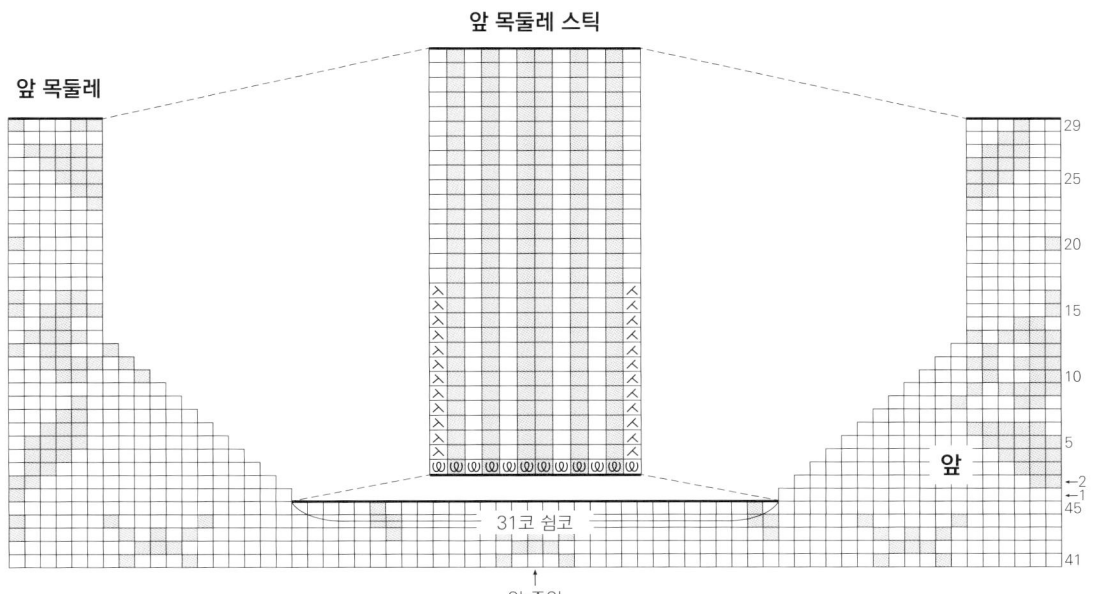

24코 42단
/1무늬

67
65
60
55
50
45
40
35
30
25
20
15
10
5
←2
←1(시작코)

72 70    65    60    55    50    45    40    35    30    25    20    15    10    5    2 1

시작선 ←

 = 겉뜨기

□ 그레이(바탕실)
■ 진남색(배색실)

### 앞 목둘레 스틱

### 앞 목둘레

앞

29
25
20
15
10
5
←2
←1
45
41

31코 쉼코

앞 중앙

63

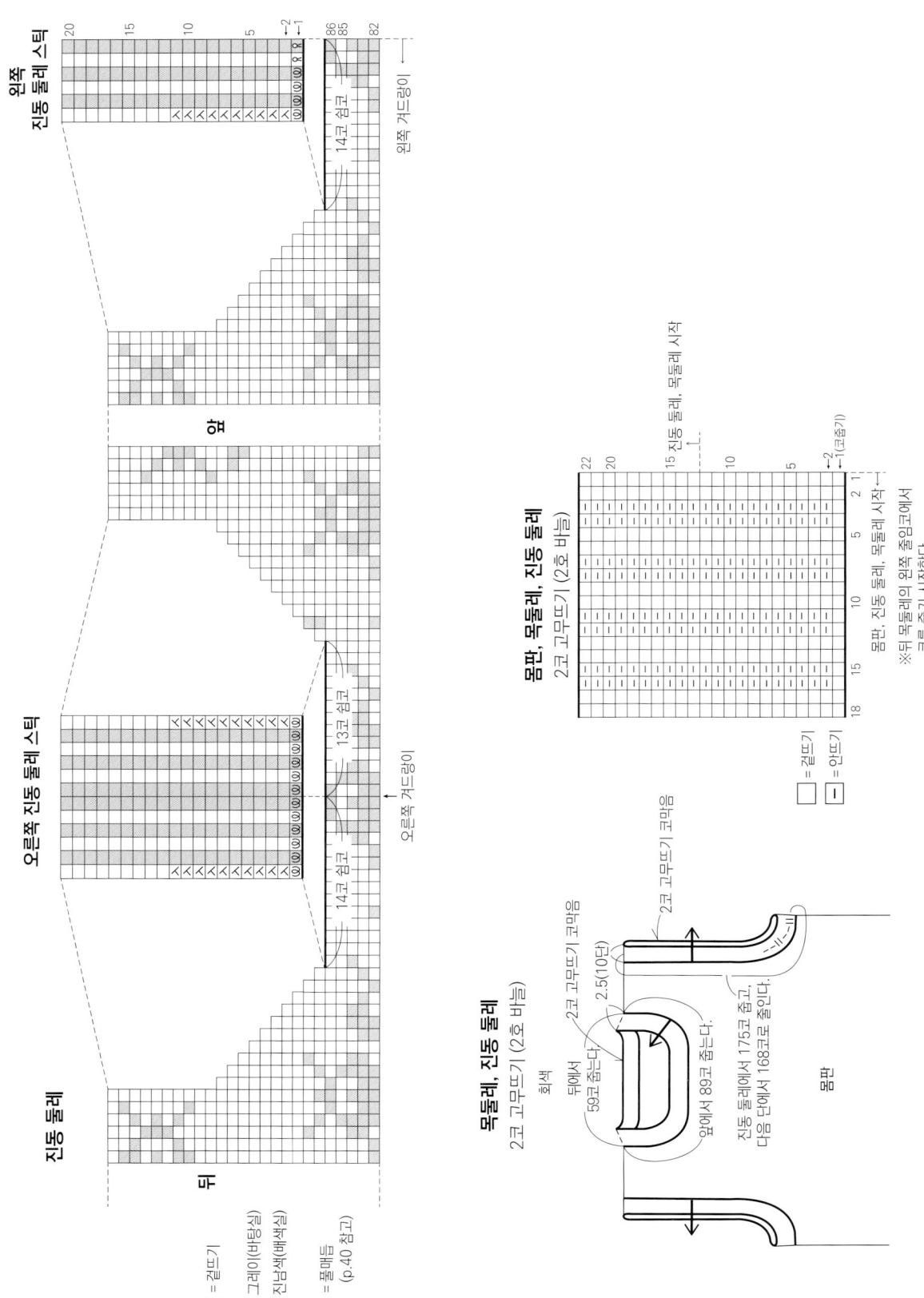

왼쪽
진동 둘레 스틱

20
15
10
5
-2
-1
86
85
82

14코 쉼코

왼쪽 거드랑이

앞

오른쪽 진동 둘레 스틱

13코 쉼코

14코 쉼코

오른쪽 거드랑이

진동 둘레

뒤

= 겉뜨기

그레이(바탕실)
진남색(배색실)

⅄  풀매듭
(p.40 참고)

= 풀매듭
(p.40 참고)

몸판, 목둘레, 진동 둘레
2코 고무뜨기 (2호 바늘)

22
20
15
10
5
2
1

5

10

15

18

뒤, 진동 둘레, 목둘레 시작

15 진동 둘레, 왼쪽 줄임코에서

-2
-1(코줄임)

목판, 목둘레의 왼쪽 줄임코에서
코를 줄이기 시작한다.

= 겉뜨기
= 안뜨기

목둘레, 진동 둘레
2코 고무뜨기 (2호 바늘)

회색

2코 고무뜨기 코막음

뒤에서
59코 줍는다.

2.5(10단)

2코 고무뜨기 코막음

앞에서
89코 줍는다.

2코 고무뜨기 코막음

2코 고무뜨기 코막음

진동 둘레에서 175코 줍고,
다음 단에서 168코 줄인다.

몸판

64

## 바구니 무늬 아란 스웨터

<u>재료</u>　[다루마] 체비엇 울 에크뤼(1) 600g

<u>도구</u>　8호(4.5mm), 7호(4.2mm) 막대바늘 2개 (줄바늘로 평면 뜨기하는
　　　경우 (p.41 참고) 8호, 7호 80cm 줄바늘), 7호 40cm 줄바늘

<u>게이지</u>　무늬뜨기 A 32코 13cm / 26단 10cm
　　　무늬뜨기 A' 14코 13cm / 26단 10cm
　　　무늬뜨기 B 23코 / 26단 10cm
　　　무늬뜨기 C 16코 9cm / 26단 10cm

<u>완성 치수</u>　가슴둘레 102cm, 길이 59cm, 뒤 어깨넓이 43cm,
　　　소매길이 50.5cm(화장 72cm)

**뜨는 법**

실은 1 가닥으로 지정된 배색, 지정된 바늘로 뜹니다

• 앞뒤 몸판

7호 바늘로 손가락으로 걸어 만드는 코를 100코 잡습니다. 이어서 1코 고
무뜨기로 18단까지 뜹니다. 8호 바늘로 변경하여, 1 단 째에서 110코로
늘립니다. 무늬뜨기 A, B, C로 68단 뜹니다. 소매 아랫선은 보조실을 꿰어
서 쉼코로 두고 이어서 무늬뜨기 A, B, C를 52단 뜹니다. (진동 둘레의 첫
번째 도안 해설은 p.40 참고). 어깨는 경사뜨기 하고, 쉼코로 둡니다. 목둘
레를 덮어씌우고 코줄임 해가며 뜹니다.

• 소매 뜨기

7호 바늘로 손가락으로 걸어 만드는 코를 60코 잡습니다. 이어서 1코 고
무뜨기로 14단 뜹니다. 8호 바늘로 변경하여, 1 단 째에서 62코로 늘립니
다. 무늬뜨기 A, B, C로 68단 뜹니다. 소매 아랫선은 보조실을 꿰어서 쉼
코로 두고 이어서 무늬뜨기 A', B, C를 소매옆선의 코를 늘려가면서 116
단을 뜹니다.

• 마무리

어깨를 빼뜨기로 잇기 합니다. 목둘레의 코를 7호 바늘로 주워서 1코 고무
뜨기(원통 뜨기)를 8단까지 뜹니다. 1코 고무뜨기 코막음(원통 뜨기)를 합
니다. 몸판과 소매, 소매옆선의 코와 단을 잇습니다. 옆선과 소매 옆선은 떠
서 꿰매기 합니다.

**포인트**

이 스웨터는 화장이 조금 길게 되어 있습니다. 짧게 조정하고 싶은 경우에
는 1코 고무뜨기를 뜬 후, 소매 1 단 째에서 60코에서 66코로 코를 늘리고
2 단 째에서 기호도의 18단 째를 뜹ㄴ다 (2~17단을 생략). 이후 19단 째부
터는 변경 없이 뜹니다. 이 방법으로 화장이 6cm 정도 짧아집니다.

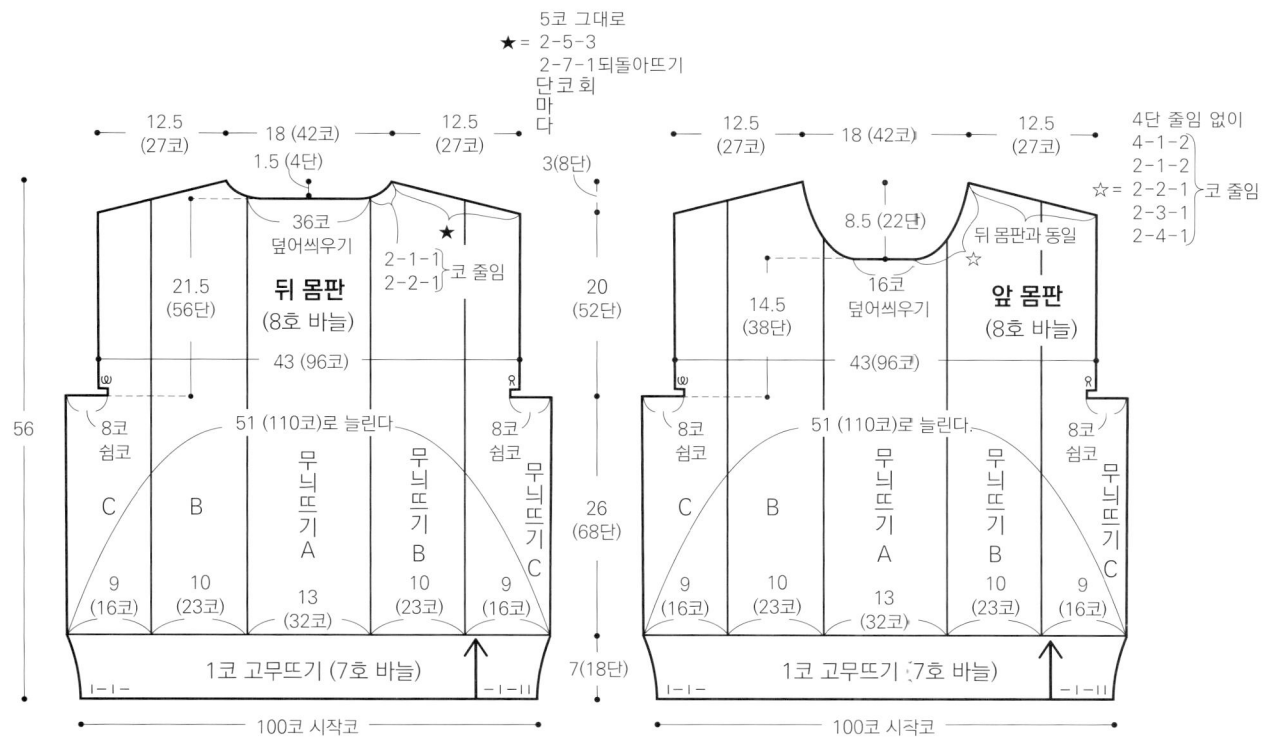

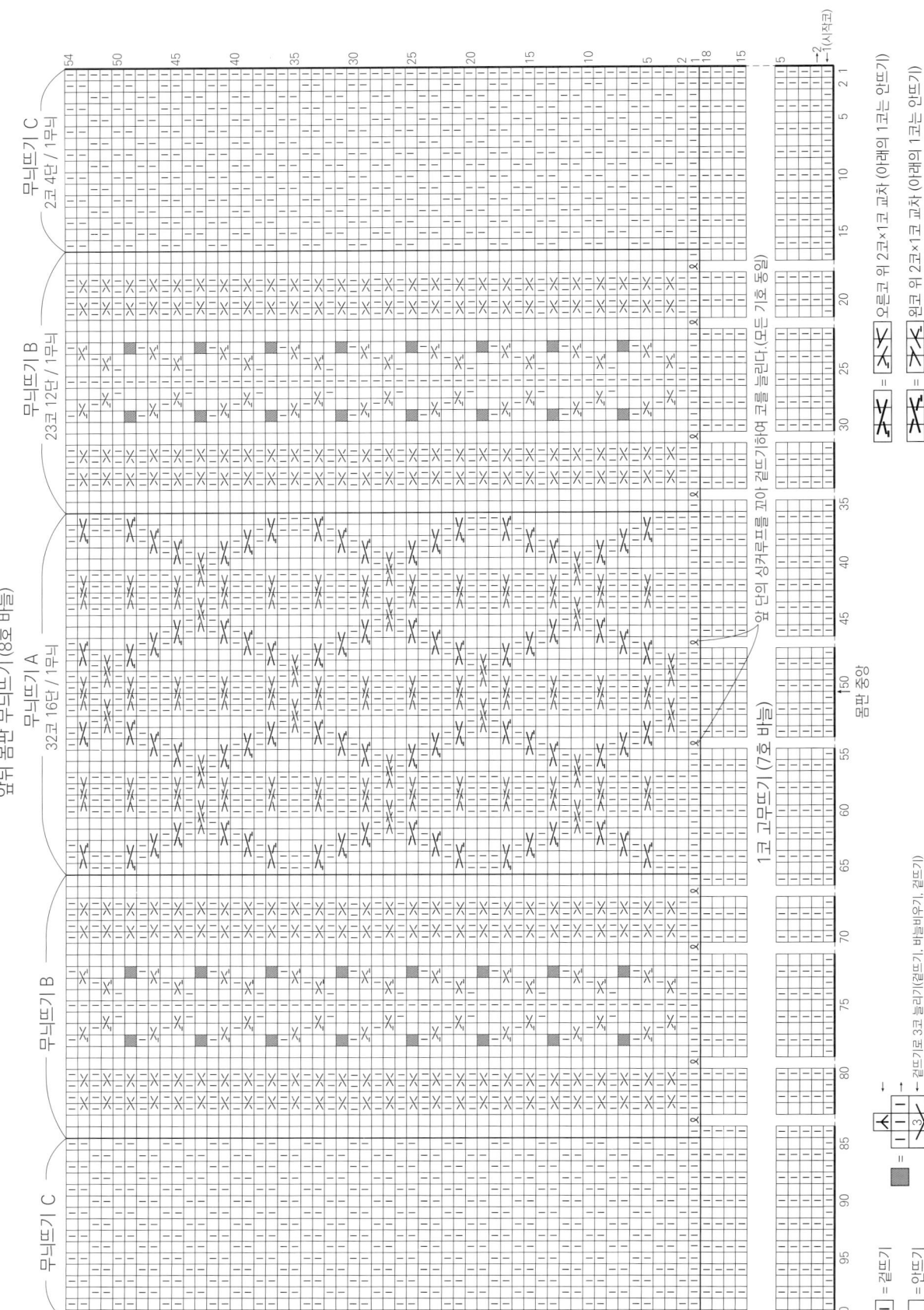

앞뒤 몸판 무늬뜨기(8호 바늘)

무늬뜨기 C 2코 4단 / 1무늬

무늬뜨기 B 23코 12단 / 1무늬

무늬뜨기 A 32코 16단 / 1무늬

무늬뜨기 B

무늬뜨기 C

1코 고무뜨기 (7호 바늘)

몸판 중앙

앞 단의 상커브를 코와 겹뜨기하여 코를 늘린다.(모든 기호 동일)

= 겉뜨기

= 안뜨기

= 겉뜨기로 3코 늘리기(겉뜨기, 바늘비우기, 겉뜨기)

= 오른코 위 2코×1코 교차 (아래의 1코는 안뜨기)

= 왼코 위 2코×1코 교차 (아래의 1코는 안뜨기)

66

## 뒤 몸판 어깨 경사뜨기와 목둘레

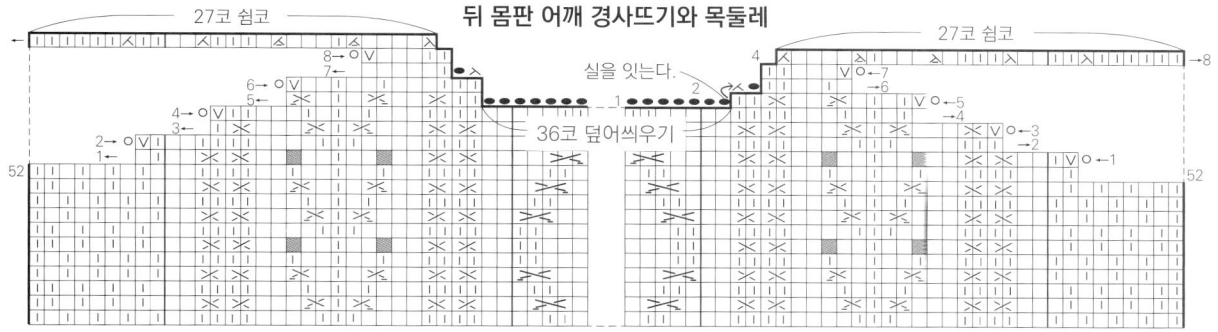

27코 쉼코

8←○ Ｖ  7→
6←○ Ｖ
5←○
4→○ Ｖ
3→
2→○ Ｖ
1←

52

실을 잇는다.
36코 덮어씌우기

4
Ｖ○←7
→6
Ｖ○←5
→4
Ｖ Ｖ○←3
→2
Ｖ○←1

27코 쉼코
→8

52

○ = 바늘 비우기

## 소매 무늬뜨기 (8호 바늘)

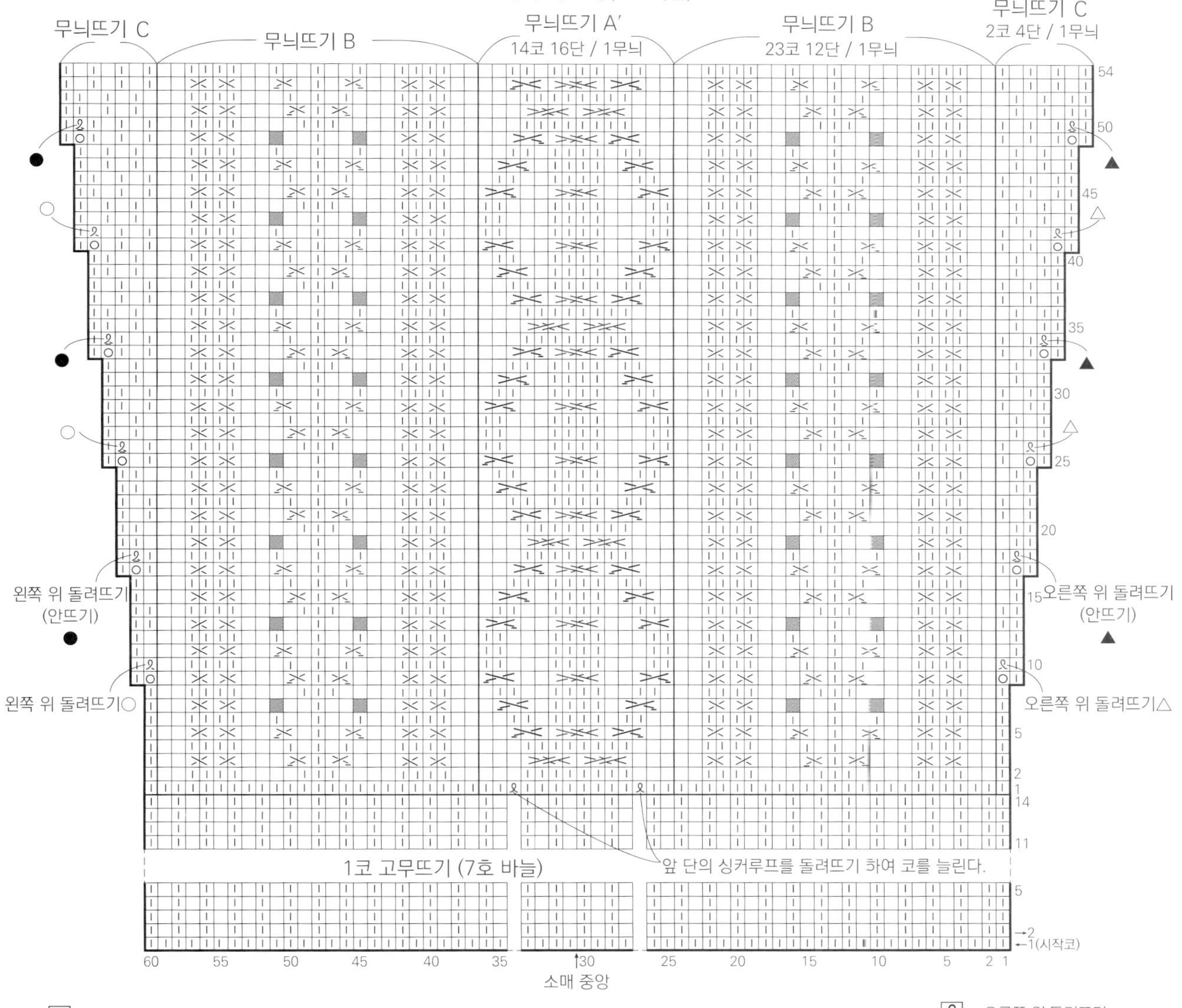

무늬뜨기 C
무늬뜨기 B
무늬뜨기 A′
14코 16단 / 1무늬
무늬뜨기 B
23코 12단 / 1무늬
무늬뜨기 C
2코 4단 / 1무늬

54
50
45
40
35
30
25
20
15
10
5
2
1
14
11
5

오른쪽 위 돌려뜨기
(안뜨기)

오른쪽 위 돌려뜨기△

왼쪽 위 돌려뜨기
(안뜨기)

왼쪽 위 돌려뜨기○

1코 고무뜨기 (7호 바늘)

앞 단의 싱커루프를 돌려뜨기 하여 코를 늘린다.

→2
←1(시작코)

60  55  50  45  40  35  소매 중앙  30  25  20  15  10  5  2  1

I = 겉뜨기

□ = 안뜨기

▨ = | I I I |
3 ← 겉뜨기로 3코 늘리기(겉뜨기, 바늘비우기, 겉뜨기)

⚦⚦ = ⚦⚦ 오른코 위 2코와 1코 교차 (아래 1코는 안뜨기)

⚦⚦ = ⚦⚦ 왼코 위 2코와 1코 교차 (아래 1코는 안 뜨기)

⚮ = 오른쪽 위 돌려뜨기

⚮ = 왼쪽 위 돌려뜨기

⚮ = 오른쪽 위 돌려뜨기(안뜨기)

⚮ = 왼쪽 위 돌려뜨기(안뜨기)

67

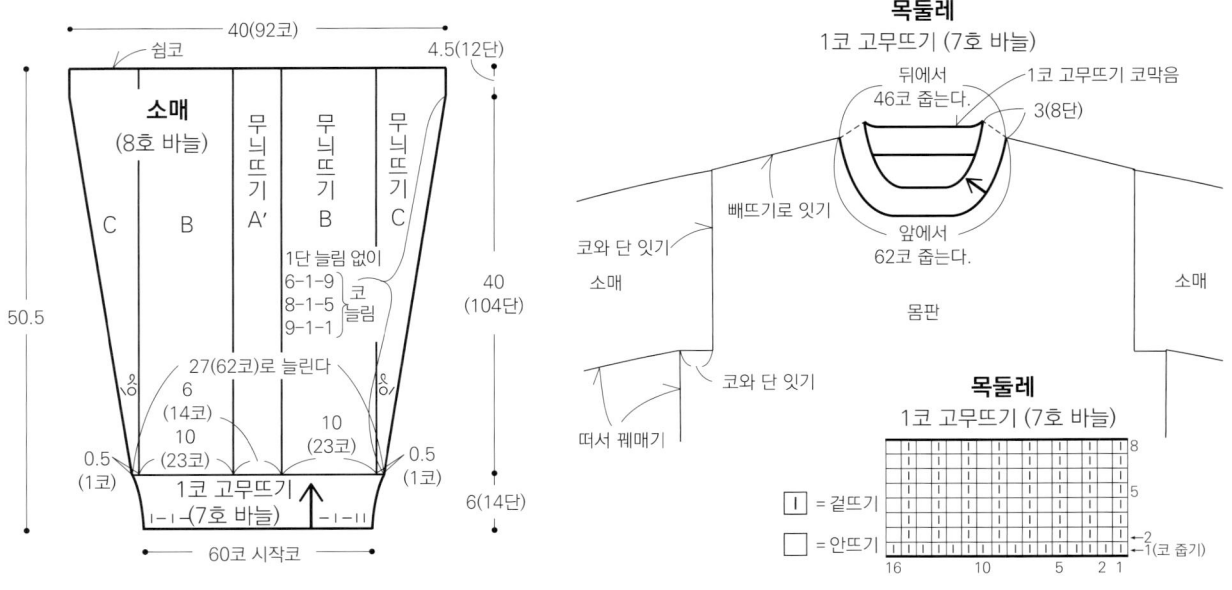

소매 diagram:
40(92코)
쉼코
4.5(12단)

소매
(8호 바늘)

C B 무늬뜨기 A' 무늬뜨기 B 무늬뜨기 C

1단 늘림 없이
6-1-9
8-1-5
9-1-1
코 늘림

50.5

40
(104단)

27(62코)로 늘린다
6
(14코)
10
(23코)
10
(23코)
0.5
(1코)
0.5
(1코)

1코 고무뜨기
I─I─I I(7호 바늘)─I─I I

6(14단)

60코 시작코

목둘레
1코 고무뜨기 (7호 바늘)

뒤에서
46코 줍는다.
1코 고무뜨기 코막음
3(8단)

빼뜨기로 잇기

앞에서
62코 줍는다.

코와 단 잇기
소매

몸판

소매

코와 단 잇기

떠서 꿰매기

목둘레
1코 고무뜨기 (7호 바늘)

I = 겉뜨기
□ = 안뜨기

8
5
2
1(코 줍기)
16   10   5   2 1

---

p.19  **허그 머플러**

재료  [외스테르 예틀란드 양모방직] 비슈 하마나스 빨강(10) 96g
도구  6호(3.9mm) 짧은 막대바늘 5개 (매직루프로 뜨는 경우 (p.41 참고)
6호 80cm 줄바늘)
게이지  메리야스뜨기 22.5cm 30단 / 10cm×10cm
완성 치수 폭 8cm, 길이 138cm

뜨는 법
실은 1 가닥으로 뜹니다.
• 본체 뜨기
별 사슬에서 줍는 시작코를 36코 잡아 원통으로 만듭니다. 이어서 메리야
스뜨기를 330단까지 합니다.
• 장갑 A 뜨기
본체에서 계속하여 메리야스뜨기를 합니다. 도중에 엄지손가락의 코늘림을
해가며 13단까지 뜹니다. 엄지손가락의 구멍 부분은 보조실을 꿰어 놓습니
다. 다음 단은 감아코로 만들어 17단을 뜹니다. 손끝은 코줄임을 해가며
12단을 뜹니다. 마지막 단의 6코에 실을 2번 통과시켜 조입니다.
• 엄지손가락 A 뜨기
장갑A의 쉼코와 감아코로부터 12코를 주워서 원통으로 뜹니다. 이어서 메
리야스뜨기로 12단을 뜨고, 13단 째에서 코를 줄입니다. 마지막 단의 6코
에 실을 2번 통과시켜 조입니다. 장갑 A, 엄지손가락 A의 실 끝을 정리해
둡니다.
• 장갑 B 뜨기
본체의 시작코의 사슬을 풀어 36코를 줍습니다. 실을 연결하여 장갑 A와
같이 뜹니다만, 몇 단을 뜨면 본체의 실 끝, 장갑 B의 시작 부분의 실 끝을
정리해 둡니다. (완성 후에는 뜨개바탕 안면이 보이지 않게 되어 실 정리가
어렵기 때문입니다.)
• 엄지손가락 B 뜨기
엄지손가락 A와 같이 뜹니다. 실 끝(장갑 B의 마지막을 포함하여)을 뜨개
바탕의 안쪽에 꽂아 넣어서 마무리 합니다.

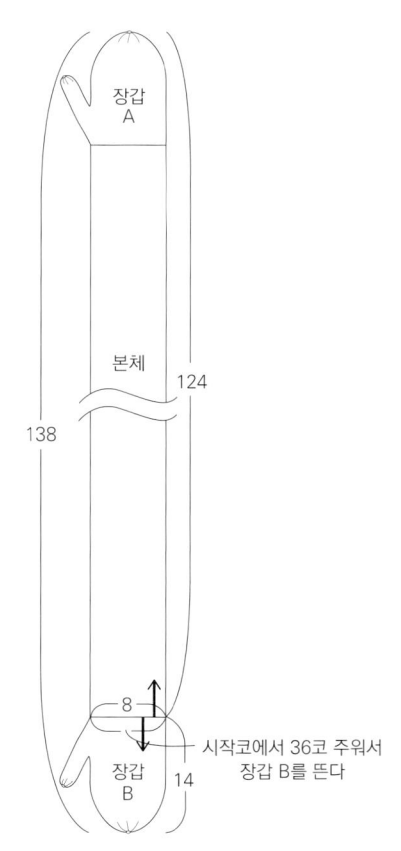

장갑
A

본체
124

138

8

장갑
B
14

시작코에서 36코 주워서
장갑 B를 뜬다

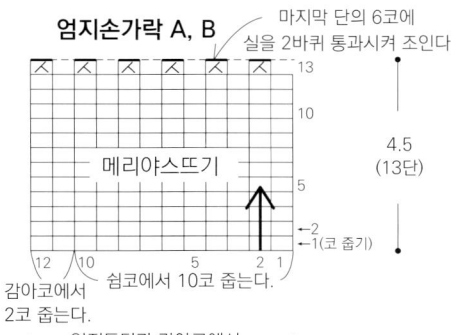

## 엄지손가락 A, B

마지막 단의 6코에
실을 2바퀴 통과시켜 조인다.

메리야스뜨기

4.5
(13단)

←2
←1(코 줍기)

쉼코에서 10코 줍는다.

감아코에서
2코 줍는다.

● 엄지두덩과 감아코에서 ────→
12코를 주워 원통으로 뜬다.

## 본체, 장갑 A, B

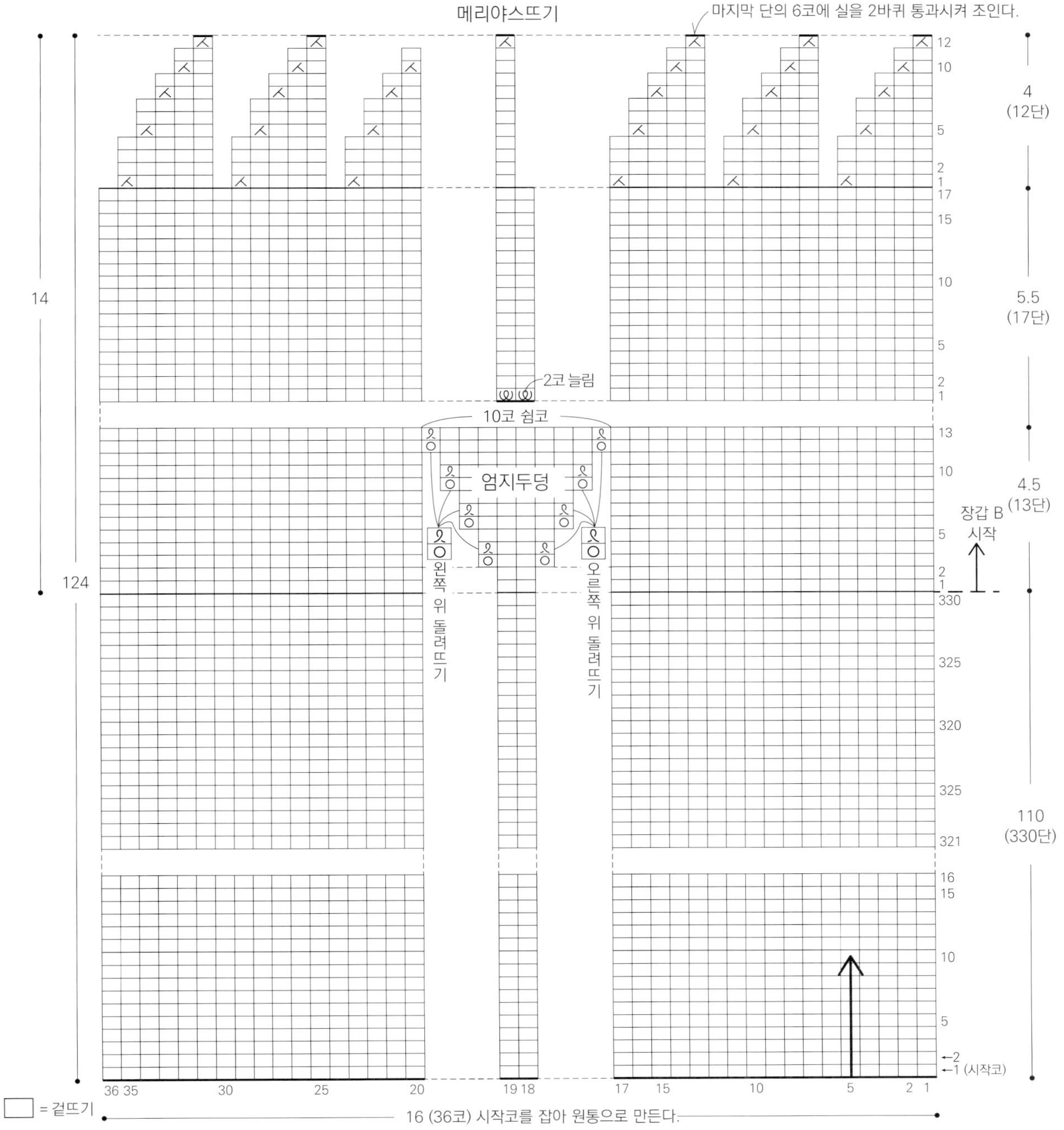

메리야스뜨기

마지막 단의 6코에 실을 2바퀴 통과시켜 조인다.

4
(12단)

5.5
(17단)

2코 늘림

10코 쉼코

엄지두덩

14

왼쪽 위 돌려뜨기

오른쪽 위 돌려뜨기

4.5
(13단)

장갑 B
시작

124

110
(330단)

16 (36코) 시작코를 잡아 원통으로 만든다.

□ = 겉뜨기

←2
←1 (시작코)

**바구니 무늬 아란 모자**

재료 [다루마] 체비엇 울 에크뤼(1) 65g

도구 8호(4.5mm) 40cm 줄바늘, 짧은 바늘 4개 (매직루프로 뜨는 경우
(p.41 참고) 8 호 80cm 줄바늘), 7호(4.2mm) 40cm 줄바늘

게이지 무늬뜨기 A 18코 / 7cm, 26단 / 10cm
무늬뜨기 B 11코 / 5cm, 26단 / 10cm
무늬뜨기 C 4코 / 2cm, 26단 / 10cm

완성 치수 머리둘레 48cm, 높이 19.5cm

뜨는 법　실은 1 가닥으로 지정 호수의 바늘로 뜹니다. 7호 바늘로 손가락
으로 걸어 만드는 시작코를 102코 잡아 원통으로 뜹니다. 이어서 1코 고무
뜨기로 8단까지 뜹니다. 8호 바늘로 변경하고 1 단 째에서 코를 111 코로
늘립니다. 무늬뜨기 A, B, C 를 32 단 뜹니다. 이어서 코를 줄여가며 11 단
뜹니다. 마지막 단의 21 코에 실을 2바퀴 통과시켜 조입니다.

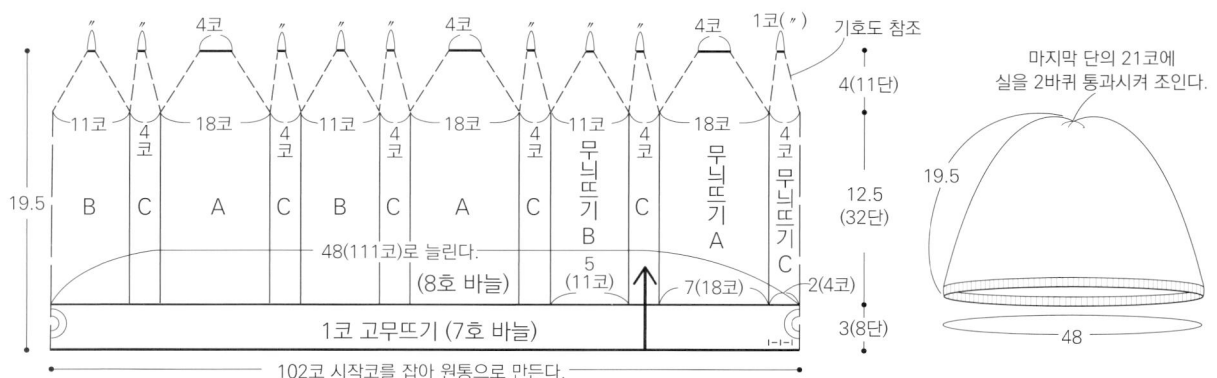

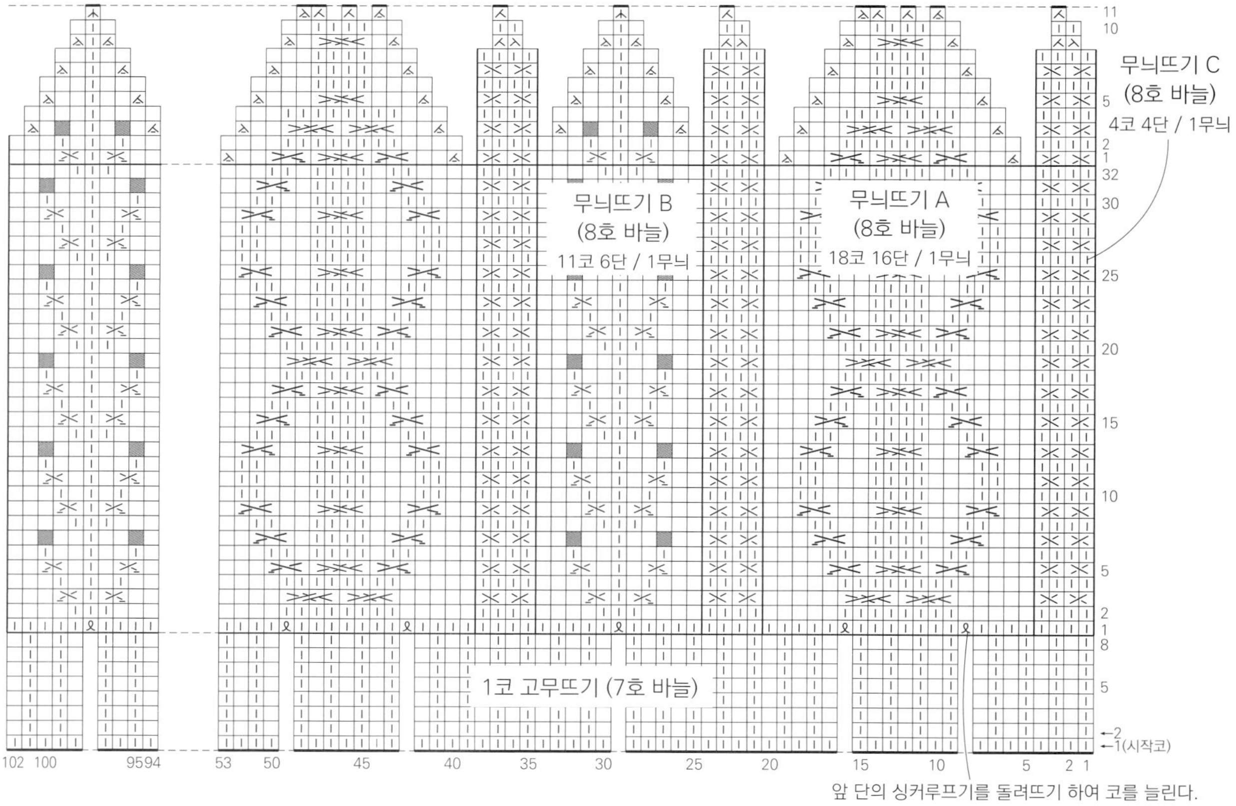

마지막 단의 21코에
실을 2바퀴 통과시켜 조인다.

I = 겉뜨기

□ = 안뜨기

= 겉뜨기로 3코 늘리기(겉뜨기, 바늘비우기, 겉뜨기)

= 오른코 위 2코와 1코 교차뜨기 (아래 1코는 안뜨기)

= 왼코 위 2코와 1코 교차뜨기 (아래 1코는 안뜨기)

앞 단의 싱커루프기를 돌려뜨기 하여 코를 늘린다.

# 캐시미어 크루넥 카디건

재료    [다루마] 캐시미어 릴리 라이트 그레이(2) 285g

도구    6호(3.9mm), 5호(3.6mm) 막대바늘(줄바늘로 평면 뜨기 하는 경우
      (p.41 참고) 6호, 5호 60cm 줄바늘)

부속    직경 1.5cm 단추 7개

게이지    메리야스뜨기 23코 32단 / 10cm×10cm

완성 치수    가슴둘레 94.5cm, 길이 68cm, 뒤 어깨넓이 34.5cm,
      소매길이 58.5cm

뜨는 법    실은 1 가닥으로 지정 호수의 바늘로 뜹니다.

**· 뒤 몸판 뜨기**

5호 바늘로 손가락으로 걸어 만드는 시작코 107 코를 잡습니다. 1 코 고무
뜨기로 42단까지 뜹니다. 6호 바늘로 변경하여 메리야스뜨기를 합니다. 메
리야스뜨기의 첫 번째 단에서 1 코를 늘려서 100단을 뜹니다. 진동 둘레는
코를 줄여가며 64 단을 뜹니다. 어깨는 경사뜨기를 하고 쉼코로 둡니다. 목
둘레는 덮어씌우기 코막음 하고 코줄임을 해가며 뜹니다.

**· 앞 몸판 뜨기**

5호 바늘로 손가락으로 걸어 만드는 시작코 52 코를 잡습니다. 1 코 고무뜨
기로 42단까지 뜹니다. 6호 바늘로 변경하여 메리야스뜨기를 합니다. 메리
야스뜨기 100 단을 뜹니다. 진동 둘레는 코를 줄여가며 64 단 뜹니다. 어깨
는 경사뜨기 하고 쉼코로 둡니다. 목둘레를 덮어씌우기 코막음하고 코줄임
을 해가며 뜹니다.

**· 소매 뜨기**

5호 바늘로 손가락으로 걸어 만드는 시작코 48코를 잡습니다. 1코 고무뜨기
로 32 단까지 뜹니다. 6호 바늘로 변경하여 소매옆선의 코늘림을 해가면서
110단을 뜹니다. 계속하여 소매산을 줄여가며 48단 뜹니다. 코막음 합니다.

**· 앞여밈단 뜨기**

5호 바늘로 손가락으로 걸어 만드는 시작코 11 코를 잡습니다. 1 코 고무뜨
기로 157 단까지 뜹니다. 마무리는 쫀쫀하게 덮어씌우기 코막음합니다. 오
른쪽 앞여밈단에는 단춧구멍을 뚫으며 뜹니다. 앞여밈단은 몸판의 앞자락
과 사이즈가 맞도록, 스팀다리미로 길이 방향으로 늘려 가면서 같은 길이가
되도록 뜨개바탕을 정리합니다.

※ 앞여밈단과 앞자락의 길이가 같지 않으면 아래와 같이 앞여밈단을 뜹니다.

1. 앞여밈단의 마지막 단을 덮어씌우기 코막음하기 전에 길이방향으로 뜨
개바탕을 늘려가며 스팀다리미질을 합니다.

2. 뜨개바탕이 완전히 식으면 앞여밈단과 앞 몸판 끝의 길이를 잽니다. 앞
자락 끝의 길이에 맞추어서, 앞여밈단의 부족분만큼 뜹니다 (단수가 많은
경우에는 풀어서 줄이세요). 덮어씌우기 코막음합니다.

3. 단수를 조정한 경우에는 오른쪽 앞여밈단에 단춧구멍을 만들지 않고 양
쪽을 같은 단수를 뜬 다음에 제일 마지막에 단춧구멍(억지 단춧구멍)을 뚫
습니다. (p.37 참고)

**· 마무리**

어깨를 빼뜨기로 잇습니다. 목둘레는 코를 주워서 5호 바늘로 1 코 고무뜨
기로 7 단까지 뜹니다. 마무리는 빡빡하게(특히 곡선 부분) 덮어씌우기 코막
음합니다. 옆선과 소매옆선을 떠서 꿰매기 합니다. 앞여밈단과 몸판을 떠서
꿰매기 합니다. 소매산과 진동 둘레를 빼뜨기로 꿰매기 합니다. 왼쪽 앞여
밈단에 단추를 답니다.

포인트    뜨개가 끝나면 방적유를 떨어내기 위해 한 번 세탁합니다. 입고
빨기를 반복하면 캐시미어 본래의 폭신폭신한 감촉이 되면서 길이가 조금
씩 줄어듭니다. 그래서 길이, 소매 길이를 긴 듯하게 제도했습니다. 목둘레
는 늘어남 방지를 위해 덮어씌우기 코막음 했습니다.

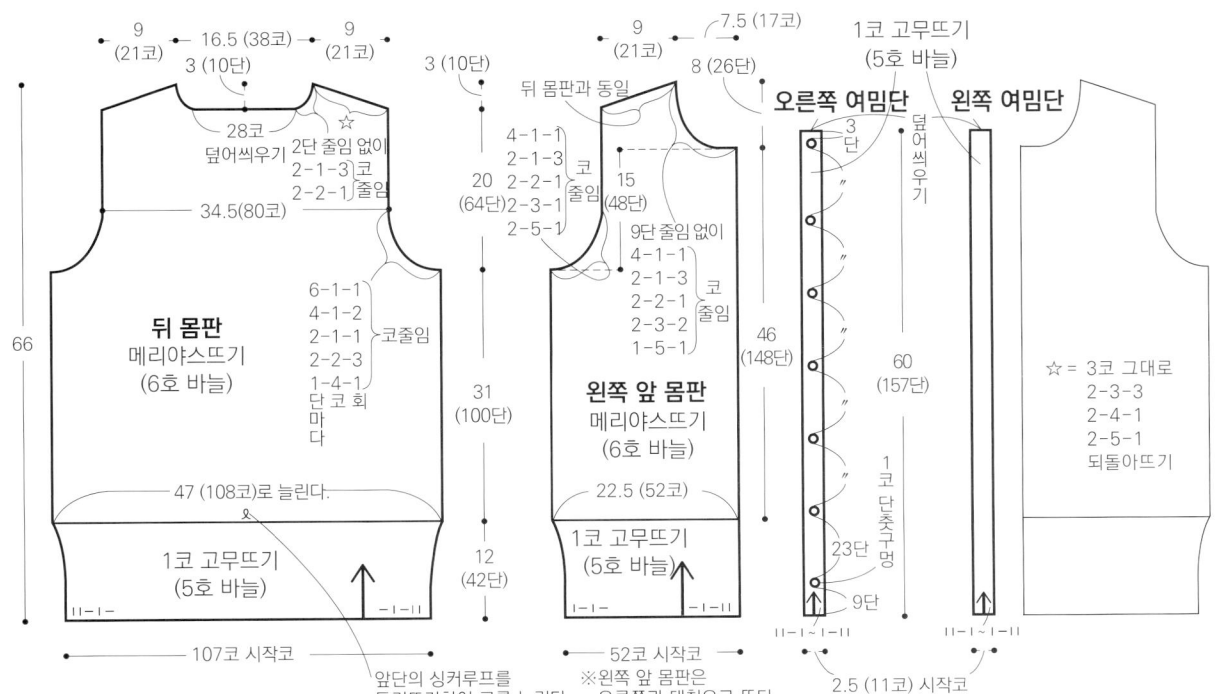

## 뒤 몸판 어깨의 경사뜨기와 목둘레

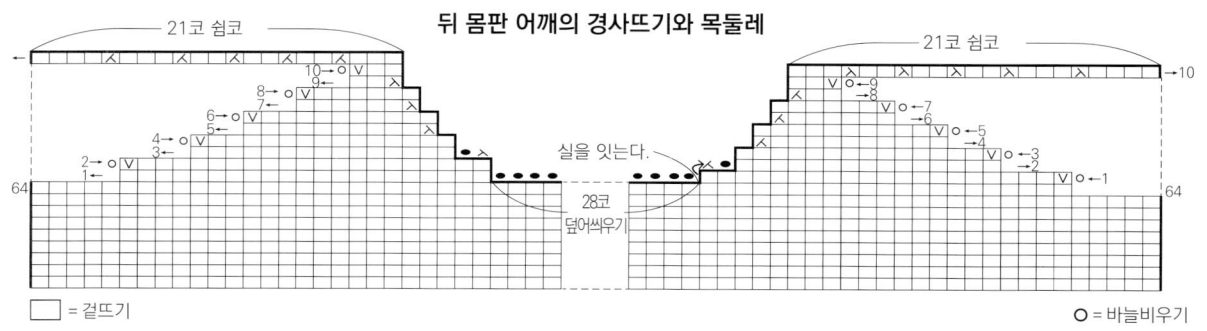

□ = 겉뜨기

O = 바늘비우기

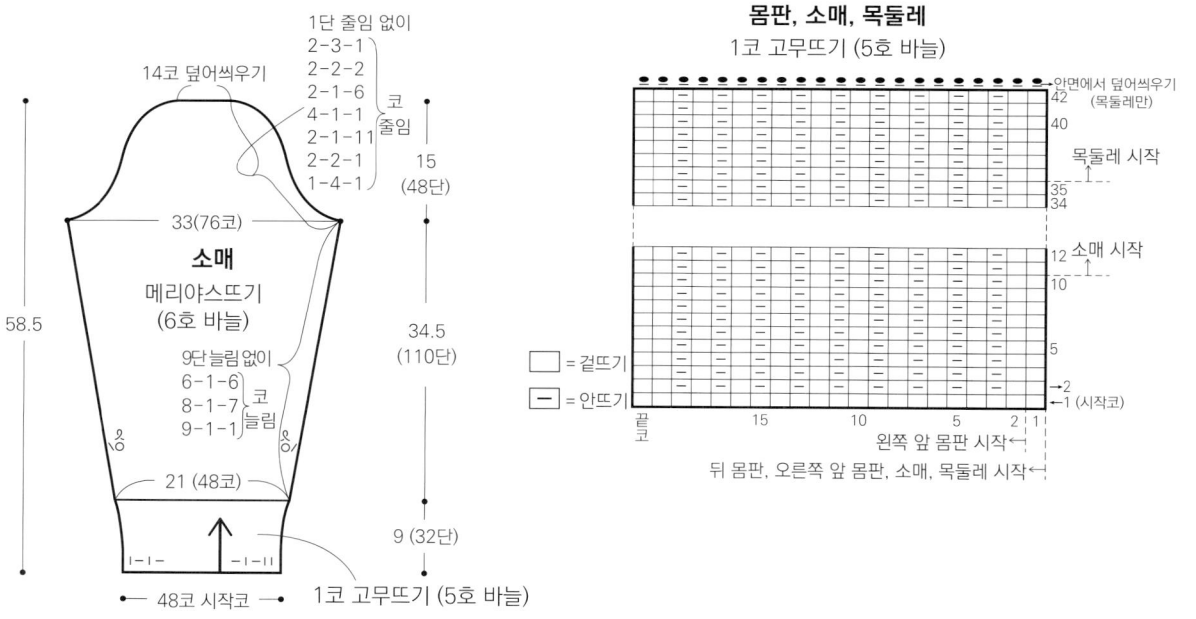

## 몸판, 소매, 목둘레
### 1코 고무뜨기 (5호 바늘)

## 【경사뜨기(되돌아뜨기)】 사진의 콧수 단수는 캐시미어 카디건의 어깨 계산식으로 설명합니다

오른쪽
1
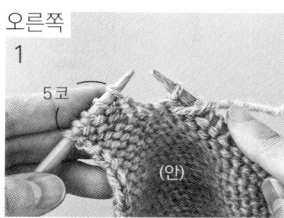
5코
(안)

진동 둘레 64단 째에서 되돌아뜨기 앞
코까지 뜬다. 5코를 남긴다.

2
단수 마커
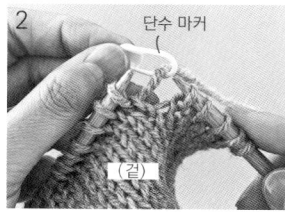
(겉)

뒤집어서 단수 마커를 끼운다.

3
걸러뜨기

걸러뜨기 한다

〈 계산식 〉

3코 그대로
2 - 3 - 3
2 - 4 - 1
2 - 5 - 1
되돌아뜨기

---

4
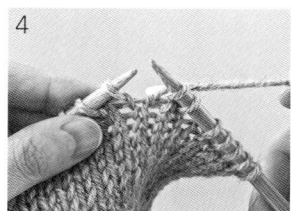

다음 코를 1코 뜬다. 단수마커가 코의
뒤쪽에 위치했다.(단차 없애기의 걸기
코가 된다) 계속하여 끝까지 뜬다.

5
4코
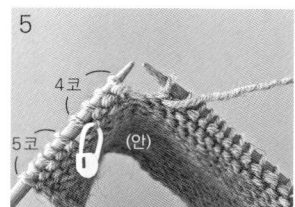
5코
(안)

안면이 보이도록 뒤집고, 9코(5코+4
코)를 남기고 뜬다. 겉면이 보이도록
뒤집는다.

6
★ = 3코
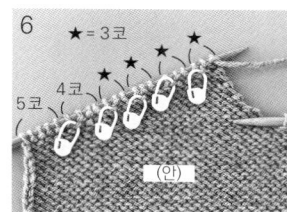
5코 4코
(안)

2~5와 똑같이 뜬다. 이것을 반복하면
되돌아뜨기의 부분이 끝난다.

단차 없애기
7
코의 방향을 바꾼다

3코
(안)

뒷면 안뜨기를 3코 뜬다. 4코째의 코
방향을 변경한다(코 방향 변경은 8참
고).

---

8
코의 방향이 바뀐 모습

걸기코
→

단수마커의 실을 당겨서 왼쪽바늘에 건다. 이것이 걸기코(바늘비우기)가 된다.

9

(안)

단수마커를 제거하고, 왼쪽바늘에 걸
린 코(걸기코)와 왼코 위 겹쳐 2코 모
아뜨기(안뜨기) 한다.

10

(안)

7~9와 같은 방법으로 뜬다. 이것으로
단차없애기가 끝나고, 오른쪽이 떠졌
다.

---

왼쪽
11
5코
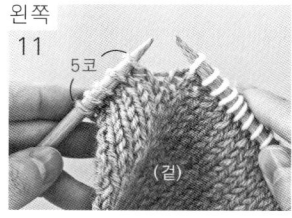
(겉)

겉면에서 되돌아오기 전 코까지 뜬다.
5코를 남긴다.(사진은 알기 쉽도록 실
의 색상을 변경하였다)

12
단수 마커
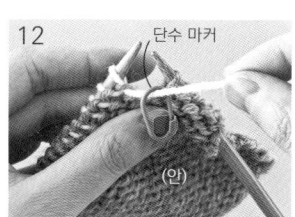
(안)

안면이 보이도록 뒤집고 단수 마커를
실에 건다.

13
걸러뜨기

걸러뜨기하고 다음 코를 뜬다 단수 마
커가 안면에 걸려있다. (단차없애기의
걸기코가 된다)

14
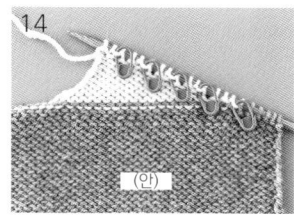
(안)

11~13과 같은 방법으로 뜬다. 이것을
반복하면 되돌아뜨기 부분이 끝난다.

---

단차 없애기
15
3코
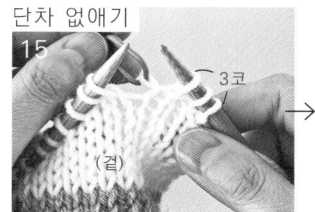
(겉)
걸기코
→

겉면에서 겉뜨기 3코를 뜬다. 단수 마
커의 실을 당겨서 왼쪽 바늘에 건다. 이것
이 걸기코가 된다. 단수 마커를 제거한다.

16
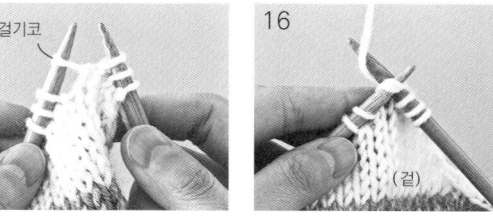
(겉)

왼쪽 바늘에 걸린 코(걸기코)와 왼코
겹쳐 2코 모아뜨기한다.

17

(안)

15, 16과 같은 방법으로 뜬다. 이것으로
단차 없애기가 끝나고, 왼쪽이 떠졌다.

73

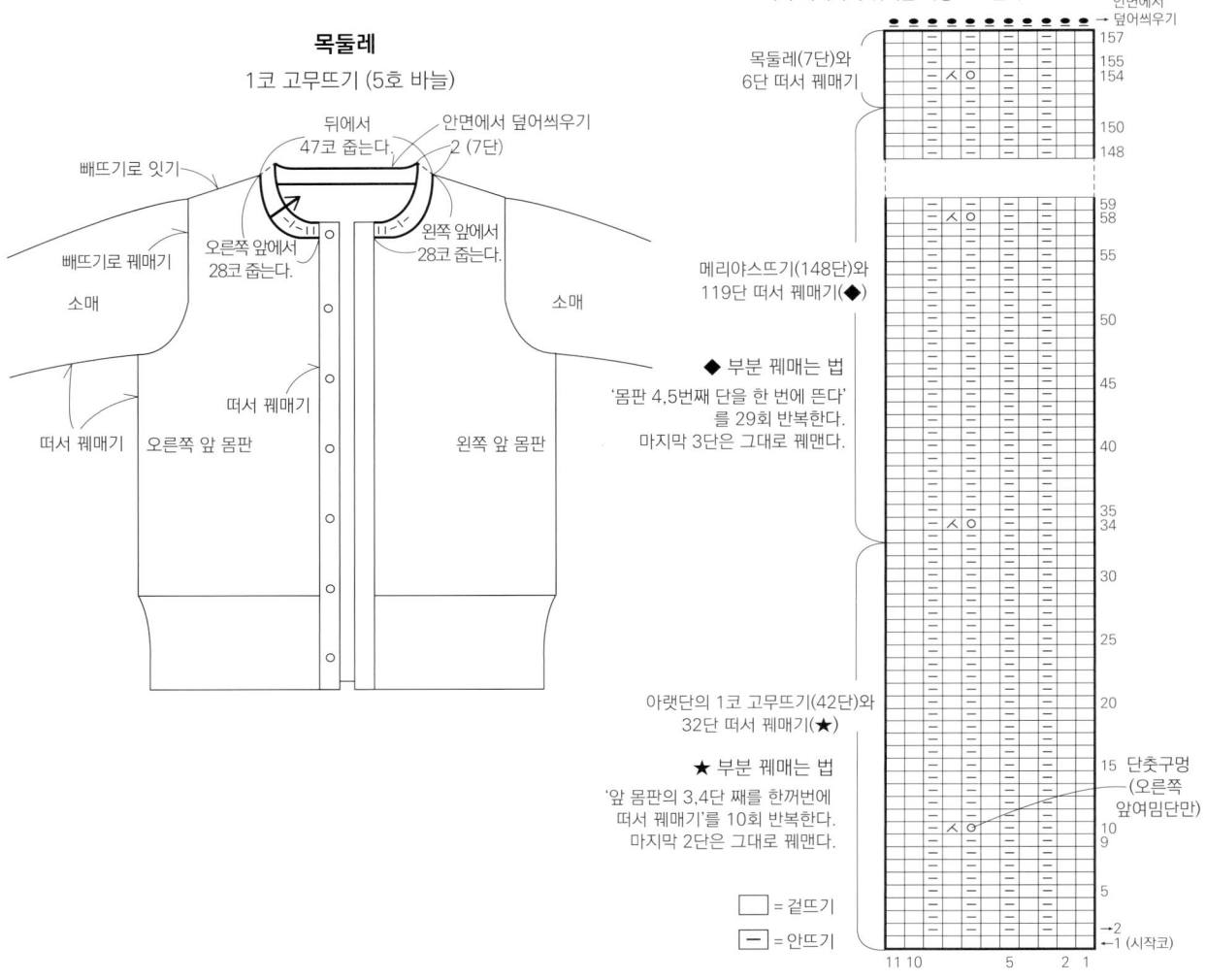

**목둘레**
1코 고무뜨기 (5호 바늘)

빼뜨기로 잇기

빼뜨기로 꿰매기

소매

뒤에서
47코 줍는다.

안면에서 덮어씌우기
2 (7단)

오른쪽 앞에서
28코 줍는다.

왼쪽 앞에서
28코 줍는다.

떠서 꿰매기

떠서 꿰매기

오른쪽 앞 몸판

왼쪽 앞 몸판

소매

오른쪽 앞여밈단 1코 고무뜨기(5호 바늘)

※왼쪽 앞여밈단은 단춧구멍을 만들지 않고,
　오른쪽 앞여밈단의 단춧구멍과 같은 위치에 단추를 단다.
　떠서 꿰매기의 위치는 대칭으로 한다

안면에서
→덮어씌우기

목둘레(7단)와
6단 떠서 꿰매기

메리야스뜨기(148단)와
119단 떠서 꿰매기(◆)

◆ 부분 꿰매는 법
'몸판 4,5번째 단을 한 번에 뜬다'
를 29회 반복한다.
마지막 3단은 그대로 꿰맨다.

아랫단의 1코 고무뜨기(42단)와
32단 떠서 꿰매기(★)

★ 부분 꿰매는 법
'앞 몸판의 3,4단 째를 한꺼번에
떠서 꿰매기'를 10회 반복한다.
마지막 2단은 그대로 꿰맨다.

단춧구멍
(오른쪽
앞여밈단만)

☐ = 겉뜨기
⊟ = 안뜨기

---

p.26　**마른잎 카디건**

재료　[퍼피] 유리카 모헤어 올리브(309) 340g

도구　9호(4.8mm), 8호(4.5mm) 막대바늘 2개(줄바늘로 평면 뜨기 하는
　　　경우(p.41 참고) 9호, 8호 60cm 줄바늘)

게이지　메리야스뜨기 16코 22단 / 10cm×10cm
　　　　무늬뜨기 23코 22단 / 10cm×10cm

완성 치수　가슴둘레 108cm, 길이 64cm, 화장 76.5cm

**뜨는 법**

실은 1 가닥으로 지정 호수의 바늘로 뜹니다.

• 뒤 몸판 뜨기

9호 바늘로 손가락으로 걸어 만드는 시작코를 87코 잡습니다. 계속해서 가
터뜨기로 4단까지, 메리야스뜨기로 98단까지 뜨고 쉼코로 둡니다.

• 앞 몸판 뜨기, 뒤 요크 뜨기

8호 바늘로 손가락으로 걸어 만드는 시작코를 62코 잡습니다. 이어서 가

터뜨기를 4단까지, 무늬뜨기를 98단까지 합니다. 앞 목둘레를 코줄임 해가
며 뒤 요크를 무늬뜨기로 56단 뜨고, 쉼코로 둡니다.

• 소매 뜨기

9호 바늘로 손가락으로 걸어 만드는 시작코를 42코 잡습니다. 이어서 가
터뜨기로 4단까지, 메리야스뜨기로 소매 옆선의 코늘림 없이 60단까지 뜹
니다. 코늘림을 하며 36단을 뜨고 쉼코로 둡니다.

• 마무리

뒤 요크를 빼뜨기로 잇습니다. 뒤 요크(★)와 뒤 몸판의 쉼코, 몸판 소매연
결부분(☆)과 소매의 쉼코를 코와 단잇기로 잇습니다. 옆선, 소매 옆선을 떠
서 꿰매기 합니다.

**포인트**

속에 입는 옷에 따라 소매 길이가 달라집니다. 소매가 긴 경우에는 바깥쪽
으로 접어서 입으면 전체의 밸런스가 좋아집니다.

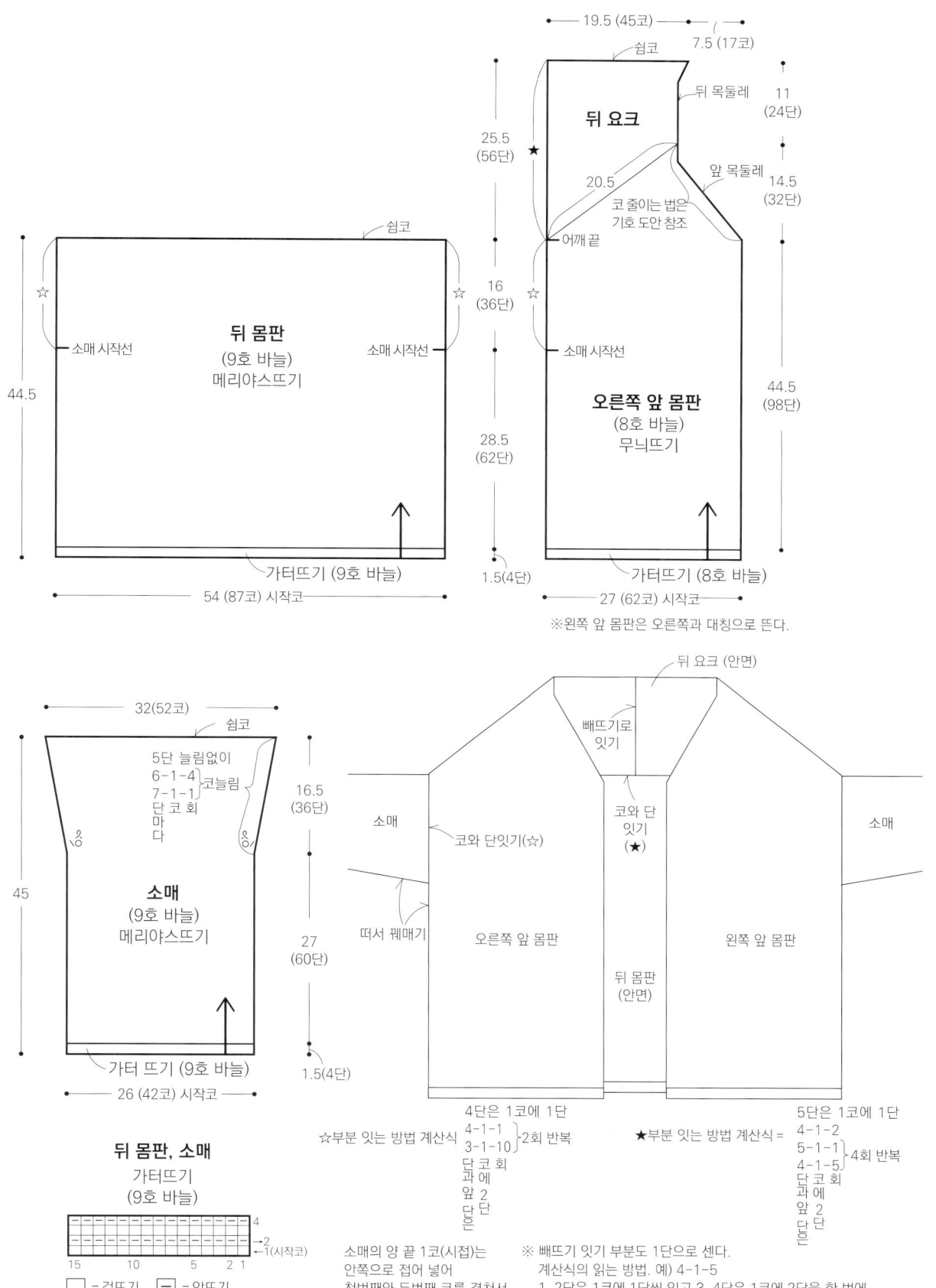

● — 19.5 (45코) — ●
7.5 (17코)

쉼코

뒤 요크

뒤 목둘레

11
(24단)

25.5
(56단)
★

20.5

코 줄이는 법은
기호 도안 참조

앞 목둘레

14.5
(32단)

어깨 끝

쉼코

뒤 몸판
(9호 바늘)
메리야스뜨기

소매 시작선

☆

☆

소매 시작선

44.5

16
(36단)

☆

소매 시작선

오른쪽 앞 몸판
(8호 바늘)
무늬뜨기

44.5
(98단)

28.5
(62단)

가터뜨기 (9호 바늘)

1.5(4단)

가터뜨기 (8호 바늘)

● — 54 (87코) 시작코 — ●

● — 27 (62코) 시작코 —

※왼쪽 앞 몸판은 오른쪽과 대칭으로 뜬다.

● — 32(52코) — ●

쉼코

5단 늘림없이
6-1-4
7-1-1
단 코 회
마 다

코늘림

16.5
(36단)

소매
(9호 바늘)
메리야스뜨기

45

27
(60단)

가터 뜨기 (9호 바늘)

1.5(4단)

● — 26 (42코) 시작코 — ●

**뒤 몸판, 소매**
가터뜨기
(9호 바늘)

```
                              ┌─ 4
                              ├─ 2
 15      10       5   2  1  ←─ 1(시작코)
```
□ = 겉뜨기  — = 안뜨기

뒤 요크 (안면)

빼뜨기로
잇기

코와 단
잇기
(★)

소매

코와 단잇기(☆)

소매

떠서 꿰매기

오른쪽 앞 몸판

왼쪽 앞 몸판

뒤 몸판
(안면)

☆부분 잇는 방법 계산식
4단은 1코에 1단
4-1-1
3-1-10 } 2회 반복
단 코 회
과 에
앞 2
단 단

★부분 잇는 방법 계산식 =
5단은 1코에 1단
4-1-2
5-1-1 } 4회 반복
4-1-5
단 코 회
과 에
앞 2
단 단

소매의 양 끝 1코(시접)는
안쪽으로 접어 넣어
첫번째와 두번째 코를 겹쳐서
잇는다.

※ 빼뜨기 잇기 부분도 1단으로 센다.
계산식의 읽는 방법. 예) 4-1-5
1, 2단은 1코에 1단씩 잇고 3, 4단은 1코에 2단을 한 번에
(싱커루프 2가닥을 주워서) 잇는다. 이를 5회 반복한다.

75

## 오른쪽 앞 몸판(8호 바늘)

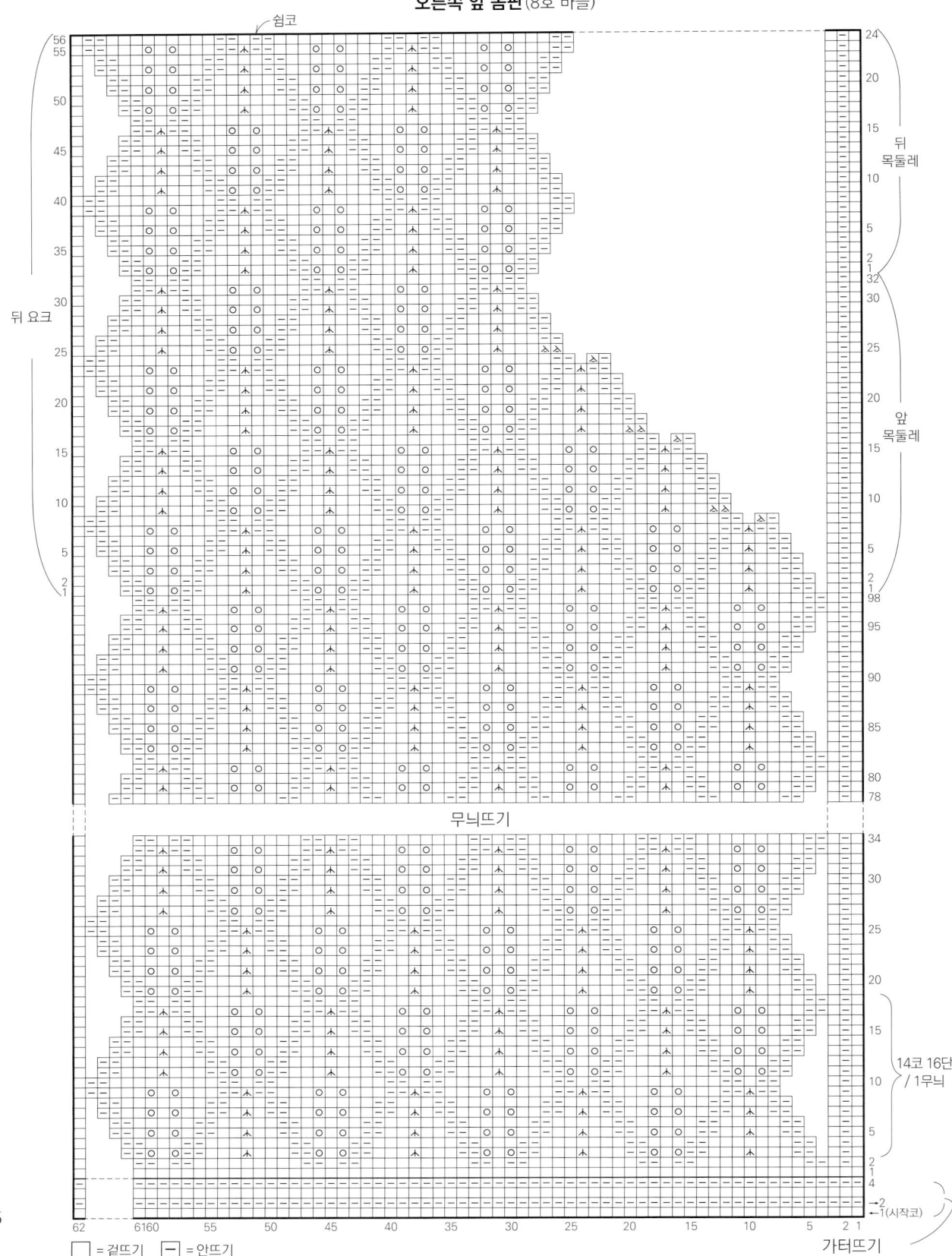

쉼코

뒤 요크

뒤 목둘레

앞 목둘레

무늬뜨기

14코 16단 / 1무늬

가터뜨기

□ = 겉뜨기 　 ─ = 안뜨기

# 왼쪽 앞 몸판 (8호 바늘)

쉼코

뒤
목둘레

앞
목둘레

뒤 요크

무늬뜨기

14코 16단
/ 1무늬

□ = 겉뜨기   — = 안뜨기

가터뜨기

**캐시미어 넥워머**

재료 　 [다루마] 캐시미어 릴리 다크오크(3) 50g
도구 　 6호(3.9mm) 40cm 줄바늘
게이지 　 메리야스뜨기 23코 32단 / 10cm×10cm
완성 치수 　 목둘레 52cm, 길이 33cm

뜨는 법
실은 1가닥으로 뜹니다.
손가락으로 걸어 만드는 시작코를 120코 잡아 원통으로 만듭니다. 계속해서 메리야스뜨기로 105단까지 뜹니다. 마무리는 안면에서 덮어씌우기 코막음합니다.

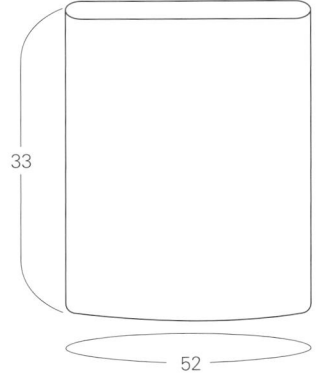

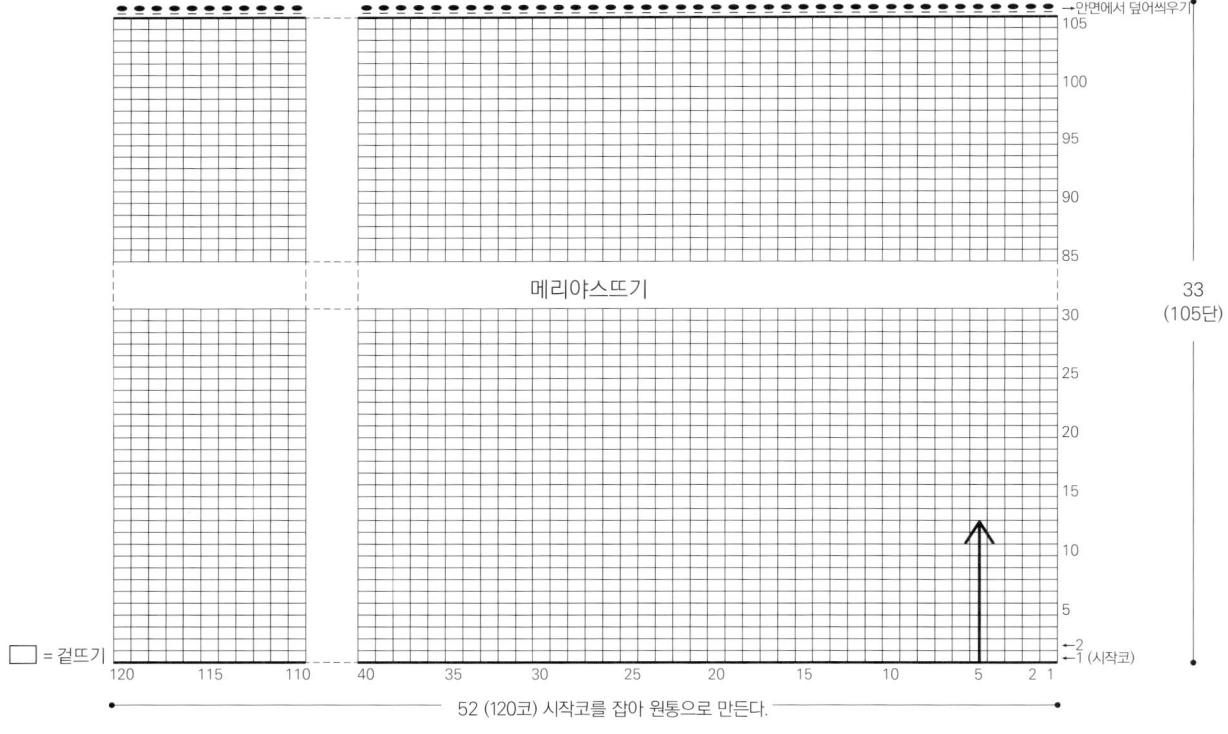

## 캐시미어 핸드 워머

<u>재료</u>   [다루마] 캐시미어 릴리 다크오크(3) 43g

<u>도구</u>   6호(3.9mm) 막대바늘 2개 (줄바늘로 평면 뜨기 하는 경우 (p.41
참고) 6호 60㎝ 줄바늘)

<u>게이지</u>   메리야스뜨기 23코 32단 / 10㎝×10㎝

<u>완성 치수</u> 손바닥 둘레 19cm, 길이 32.5cm

<u>뜨는 법</u>

• 본체뜨기

손가락으로 걸어 만드는 시작코를 44코 잡아 메리야스뜨기로 103단까지

뜹니다. 뜨는 도중에, 엄지손가락 위치(66단 째, 78단 째)에 마커를 달아놓
습니다. 마무리는 안면에서 덮어씌우기 코막음합니다. 같은 방법으로 한장
을 더 뜹니다.

• 마무리

뜨개바탕의 양끝을, 엄지손가락구멍을 제외하고 떠서 꿰매기 합니다.

<u>포인트</u>

엄지손가락의 구멍은 손에 맞추어 선호하는 위치에 만들어 주세요.

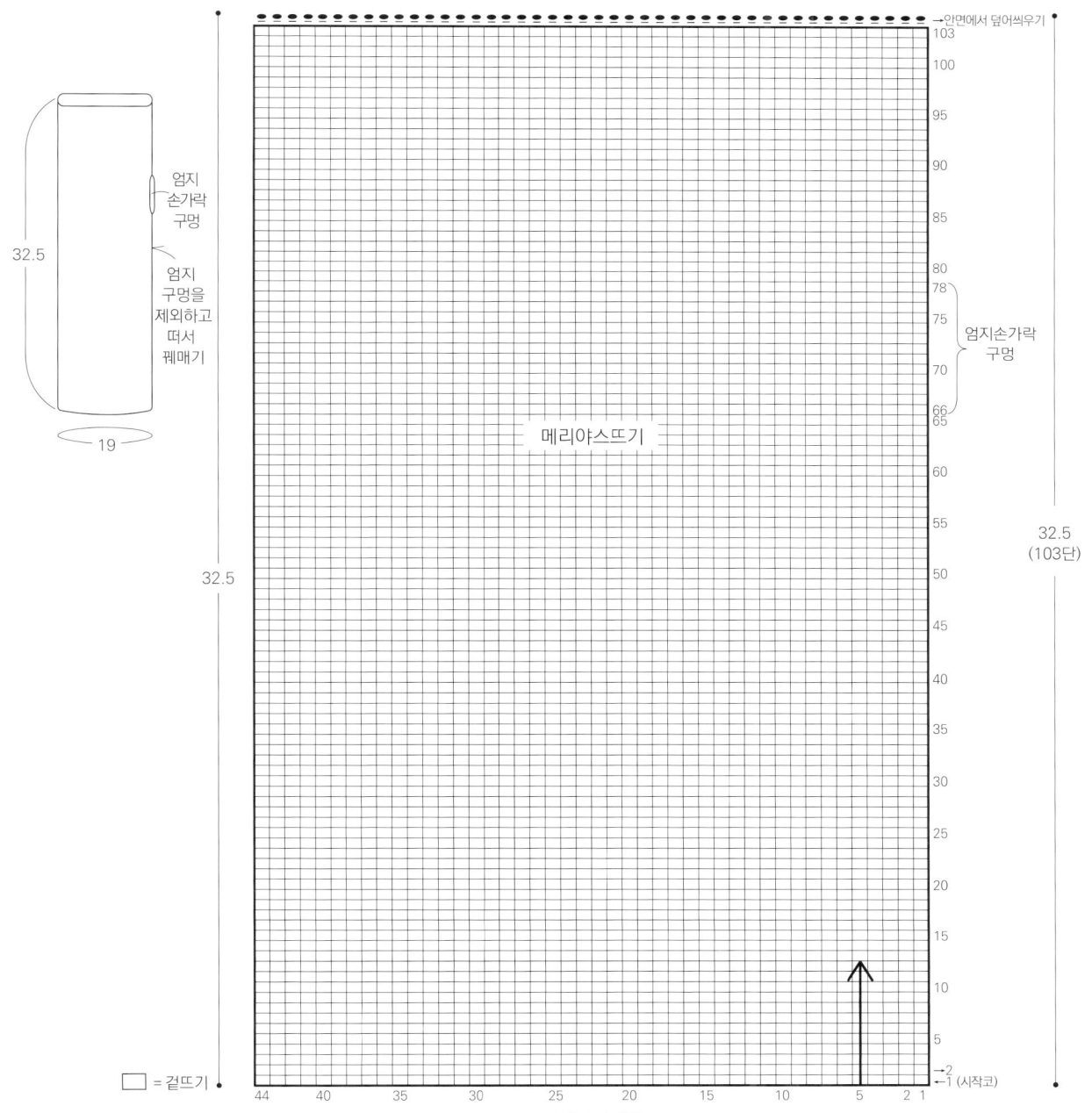

**백목련 숄**

<u>재료</u>   [외스테르 예틀란드 양모방직] 비슈 흰색(1) 323g
<u>도구</u>   5호(3.6mm) 막대바늘 (줄바늘로 평면 뜨기하는 경우
        (p.41 참고) 5호 60cm 줄바늘)
<u>게이지</u>  무늬뜨기 A, A' 17코 / 7.5cm, 12단 / 3.5cm
        무늬뜨기 B, B' 9코 / 10cm, 12단 / 3.5cm
        메리야스뜨기 23코 / 10cm, 21단 / 7cm
<u>완성 치수</u> 폭 42cm, 길이 155cm

뜨는 법
• 위쪽 뜨기
실은 1 가닥으로 뜹니다.
별 사슬에서 줍는 시작코를 97코 잡습니다. 메리야스뜨기(일부
안뜨기)로 2단까지, 무늬뜨기 A, A', B, B'를 240단, 메리야스
뜨기(일부 안뜨기)로 21단 뜹니다 마무리는 안면에서 덮어씌우
기 코막음합니다.
• 아래쪽 뜨기
시작코의 사슬을 풀고 97코를 줍습니다. 실을 연결하여 메리야
스뜨기(일부 안뜨기)로 2단까지, 무늬뜨기 A, A', B, B'를 240
단(무늬의 첫 부분은 위쪽과 다름)메리야스뜨기(일부 안뜨기)로
21단 뜹니다. 마무리는 안면에서 덮어씌우기 코막음합니다

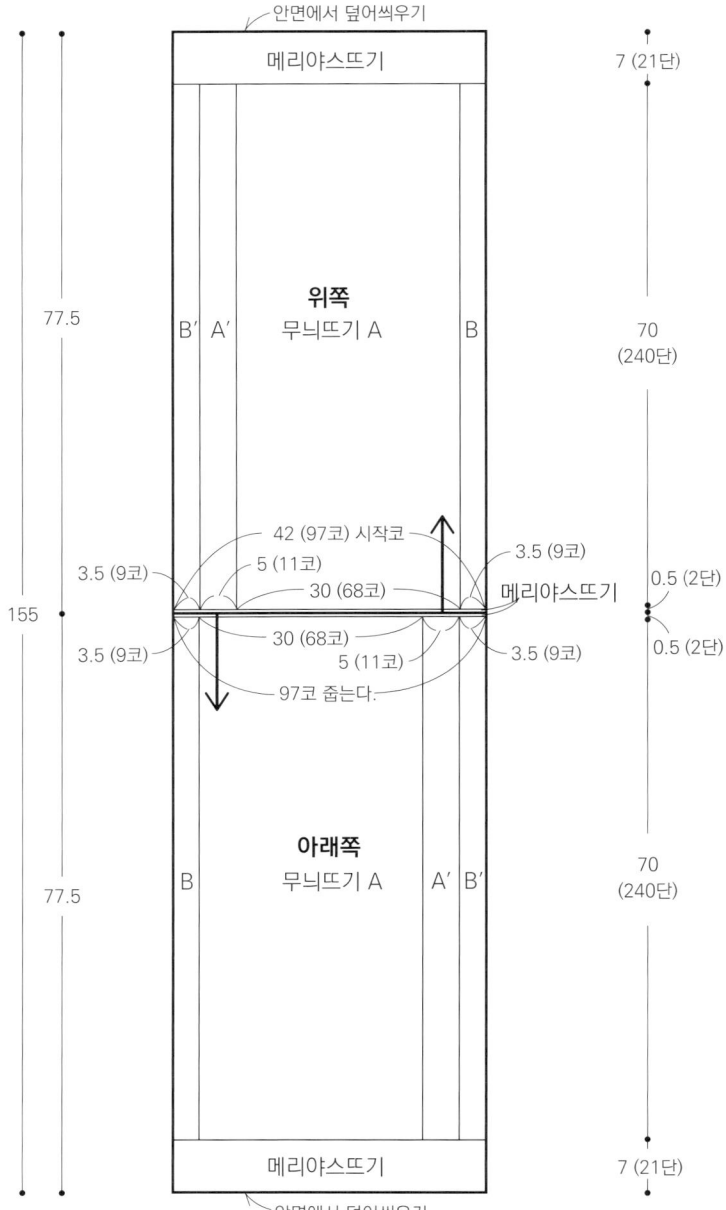

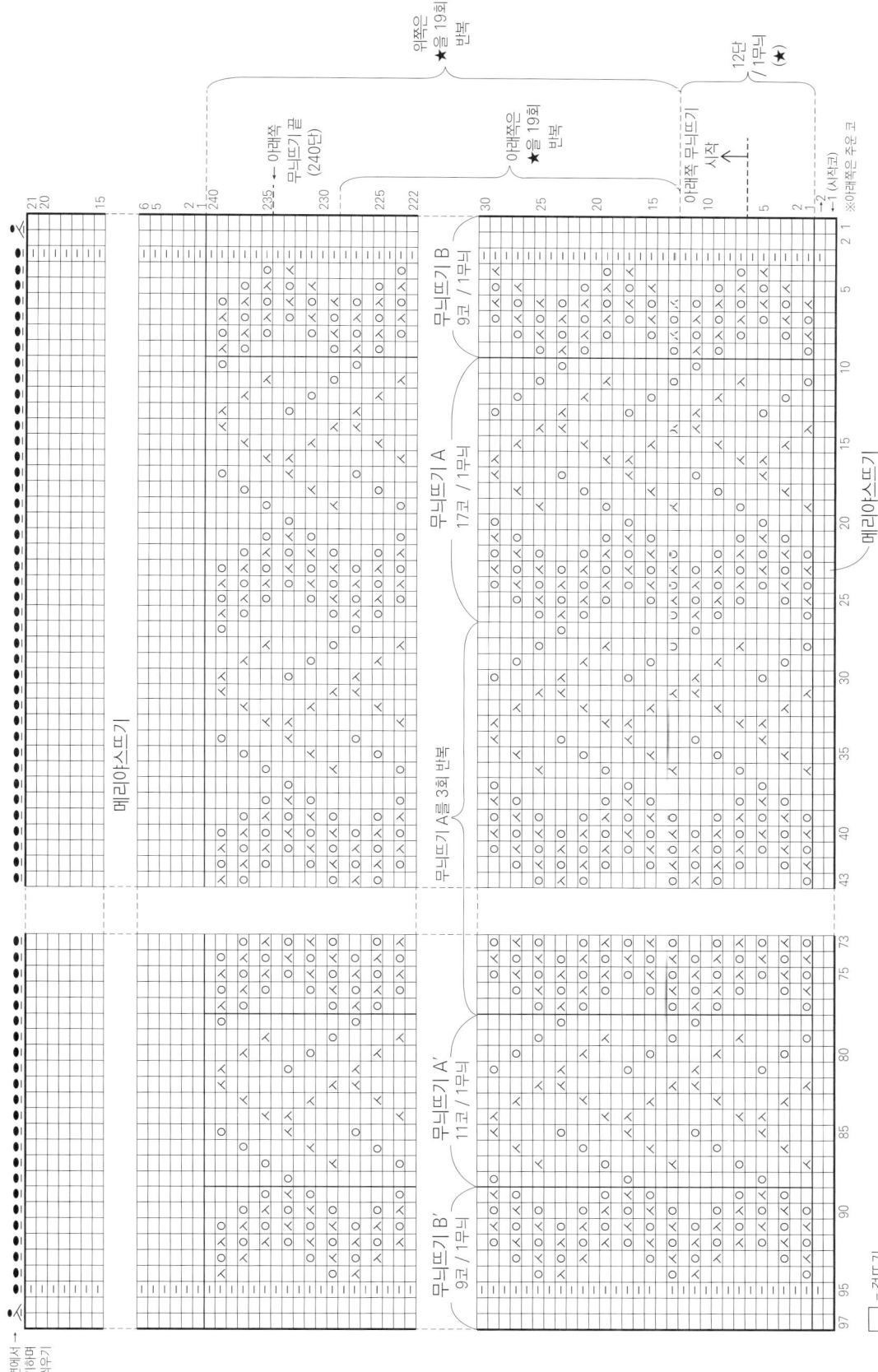

81

할머니의 덧양말

재료 [나이토 쇼지] 로피
단색 베이지(85) 110g
**스트라이프** 흰색(51) 44g, 옅은 베이지(86) 44g, 갈색(53) 20g
도구 12호(5.7mm) 짧은 막대바늘 4개 (줄바늘로 평면 뜨기, 매직루프
하는 경우 (p.41 참고) 12호 80cm 줄바늘)
게이지 가터뜨기 14코 26단/ 10cm×10cm
완성 치수 발길이 약 26.5cm(프리사이즈) 높이 12cm

뜨는 법
실은 1 가닥으로 뜹니다. 스트라이프 작품은 지정된 배색으로 뜹니다.

· 본체 A 뜨기
손가락으로 걸어 만드는 시작코를 34코 잡습니다. 이어서 가터뜨기로 코줄
임 / 늘림없이 10단까지 뜹니다. 발뒤꿈치는 코를 줄여가면서 21 단까지
뜹니다(다음 페이지 사진 참고) . 발목단 쪽은 안면에서 12코를 덮어씌우기
코막음 하고, 발등 부분은 10코를 쉼코로 두고, 실을 자릅니다.
· 본체 B 뜨기
본체 A의 시작코에서 34코를 줍습니다(사진 참고). 이어서 가터뜨기로 코
늘림/ 줄임 없이 10단을 뜨고, 실을 자릅니다. 별도 바늘에 11코를 이동시
켜, 실을 연결하여 뒤꿈치의 코를 줄여가면서 21단을 뜹니다(사진 참고).
실을 자르지 않고 남깁니다.

· 발등 마무리 하기
본체 A, B를 안면끼리 마주보도록 바
닥쪽을 접어 A를 몸쪽으로 두고 잡습
니다. B에 남겨둔 실로 발등쪽을 2장
겹쳐서 빼뜨기로 10코를 잇습니다.
B의 발목단을 안면에서 12코 덮어씌
우기 코막음합니다.
· 발끝쪽 뜨기
본체 발끝쪽에서 코를 32코 줍습니
다. 이어서 2코 고무뜨기를 원통형으
로 11단 뜹니다. 코를 줄여가며 2단
뜹니다. 마지막단의 8코에 실을 2회
통과시켜 조입니다. 같은 방법으로 또
1 매 뜹니다

<u>포인트</u> 발끝 부분에서 단수를 증감하
여 발에 맞는 사이즈로 조정하세요.

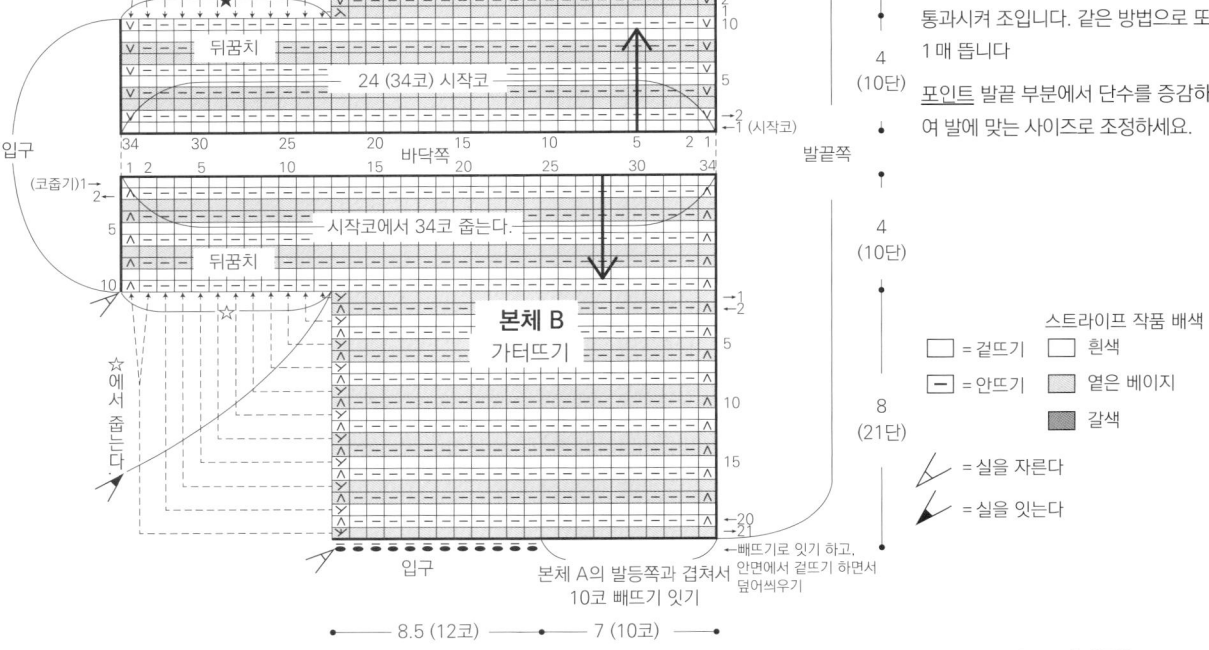

## 본체 A 뒤꿈치 뜨는 법

1

21코 겉뜨기 한다. (★는 뒤꿈치)

2 오른코 겹쳐 2코 모아뜨기

다음의 2코를 오른코 겹쳐 2코 모아뜨기로 뜹니다.

3 걸러뜨기

뜨개바탕을 뒤집어서, 다음 단을 뜹니다. 모아뜨기한 코를 걸러뜨기합니다.

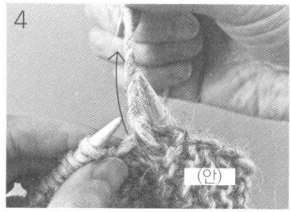

4

실을 뒤로 옮깁니다.

5

겉뜨기 합니다.

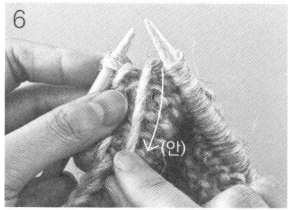

6

단의 1코를 남긴 끝까지 겉뜨기 합니다. 실을 앞쪽으로 옮깁니다.

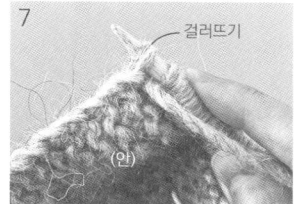

7 걸러뜨기

맨 끝의 코를 걸러뜨기합니다.

8 단수 마커

1~7을 반복한다. 마지막엔 2의 과정을 오른코 겹쳐 3코 모아뜨기로 한다.

※ 가터뜨기는 겉, 안이 같은 모양이 되므로 알기 쉽도록 겉면에 단수 마커 등으로 표시를 해 둔다.

## 본체 B 코 줍는 법

※ 사진에서는 알기 쉽도록 실의 색상을 일부 변경하였다.

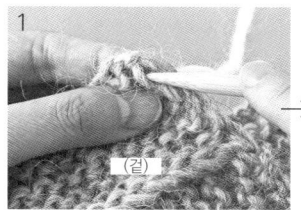

1

본체 A의 끝의 걸러코에 바늘을 넣고, 실을 걸어서 당긴다(반대쪽의 걸러코 부분도 똑같이 줍는다)

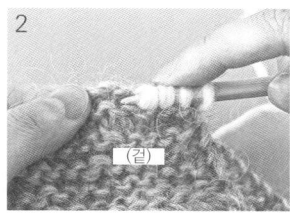

2

걸러코 부분 이외는 시작코의 코 가운데에 바늘을 넣어서, 실을 걸어 당긴다.

3

1 단 째의 코를 주웠다.

## 본체 B 뒤꿈치의 시작 부분

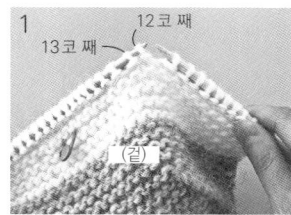

1 12코 째
13코 째

10단까지 뜨고 실을 자른다. 11코를 오른쪽 바늘에 옮기고, 뒤꿈치에 실을 연결하여 12,13 번째 코를 왼코 겹쳐 모아뜨기 한다.

2 왼코 겹쳐 모아뜨기

왼코 겹쳐 모아뜨기하고, 1 단 째의 끝까지 뜬다. 뜨개바탕을 뒤집는다.

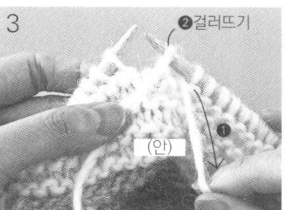

3 ❷걸러뜨기

2단 째, 맨 처음 1코는 걸러뜨기 하고, 실을 뒤쪽으로 옮긴다(본체 A뒤꿈치의 뜨는 법 4 참고) 걸러뜨기까지 뜨고, 실을 앞쪽으로 옮긴다. (1) 걸러뜨기 한다. (2) (본체 A 뒤꿈치 뜨는 법 6, 7 참고) 뜨개바탕을 겉면이 보이도록 뒤집는다.

4 왼쪽 바늘로 1코 옮긴다

3단 째. 오른쪽 바늘의 1코를 왼쪽으로 옮긴다.

5 옮긴 1코

옮긴 코를 왼코 겹쳐 모아뜨기 한다

6 왼코 겹쳐 모아뜨기

왼코 겹쳐 2코 모아뜨기 했다. 이 단의 끝까지 뜬다. 뜨개바탕을 안면이 보이도록 뒤집어서 3~6을 반복한다. 마지막에는 과정 6을 왼코 겹쳐 3코 모아뜨기로 뜬다.

83

**체크 무늬 핑거리스 미튼**

재료   [다루마] 공기를 섞어 실로 만든 울 알파카 초콜릿(11) 18g,
　　　 브라운(3) 10g, 에크뤼(1) 5g

도구   5호(3.6mm), 4호(3.3mm) 짧은 막대바늘 5개 (매직루프로 뜨는
　　　 경우 (p.41참고) 5호, 4호 80cm 줄바늘)

게이지  배색무늬 뜨기 26.5코 31 단 / 10cm×10cm
완성치수 손바닥 둘레 18cm, 길이 17.5cm

뜨는 법  실은 1 가닥으로 뜹니다. 지정된 배색, 바늘로 뜹니다.
• 오른손 본체 뜨기
4호 바늘, 초콜릿색 실로 손가락으로 걸어 만드는 시작코를 48코 잡아 원
통으로 만듭니다. 2코 고무뜨기로 16단까지 뜹니다. 5호 바늘로 변경하여
배색무늬를 34단 뜹니다. 엄지손가락 구멍 부분에는 보조실을 꿰어 쉼코로

둡니다. 다음 단에서 감아코로 8코를 잡습니다(p.37 참고). 4호 바늘로 변경
하여 2코 고무뜨기로 4단까지 뜨고 마무리는 덮어씌우기 코막음합니다.
• 엄지손가락 뜨기
본체의 쉼코와 감아코, 모서리에서 1코, 합계 18코를 4호 바늘, 초콜릿색
실로 원통으로 뜹니다. 이어서 메리야스뜨기로 15단 뜨고 마무리는 덮어씌
우기 코막음합니다.
• 왼손 뜨기
오른손과 동일하게 뜹니다. 엄지손가락 구멍의 위치가 바뀌므로 주의합니다.

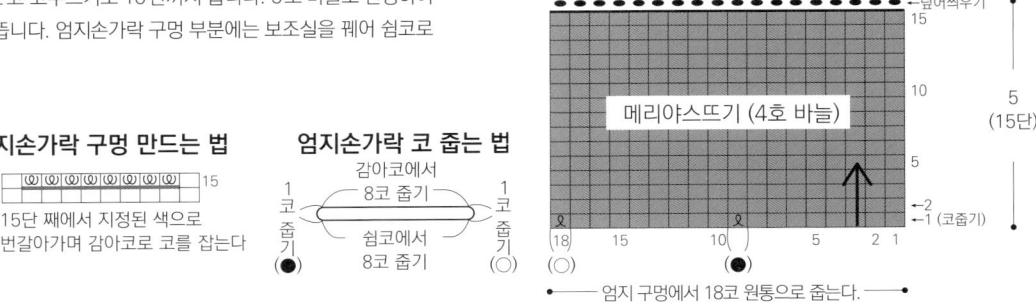

**엄지손가락 구멍 만드는 법**
15단 째에서 지정된 색으로
번갈아가며 감아코로 코를 잡는다

**엄지손가락 코 줍는 법**
감아코에서
8코 줍기
1코 줍기 (●)
쉼코에서
8코 줍기
1코 줍기 (○)

**엄지손가락**
덮어씌우기
메리야스뜨기 (4호 바늘)
5 (15단)
코줍기
엄지 구멍에서 18코 원통으로 줍는다.

**본체**
손등 / 손바닥
앞 단과 같은 기호로 덮어씌우기
2코 고무뜨기 (4호 바늘) — 1.5 (4단)
배색무늬 뜨기 (5호 바늘) — 11 (34단)
8코 쉼코
14단
9 (24코)
4코 4단 /1무늬
2코 고무뜨기 (4호 바늘) — 5 (16단)
17.5
18 (48코) 시작코를 잡아 원통으로 만든다.

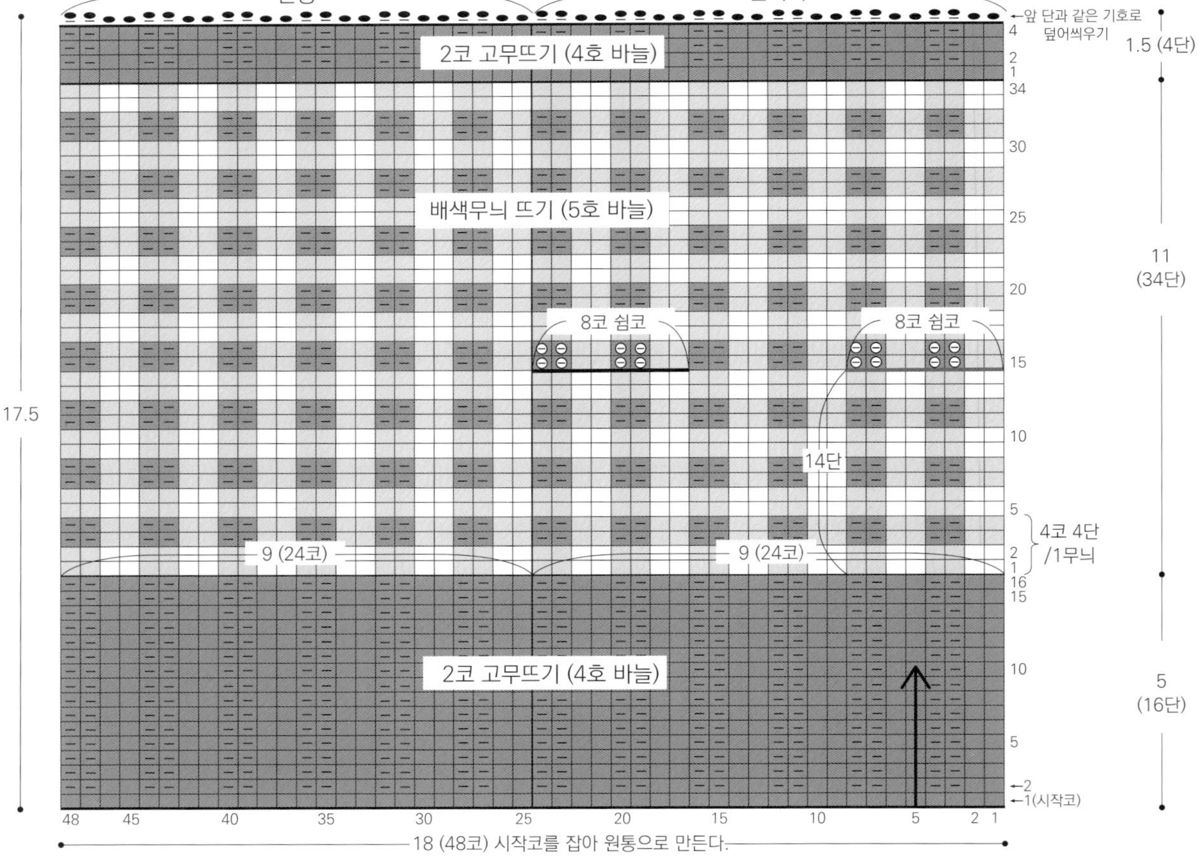

= 겉뜨기　　■ = 초콜릿(바탕실)　　□ = 에크뤼(배색실)　　□ = 브라운(배색실)　　── = 왼손 엄지손가락 구멍
— = 안뜨기　　◎ = 엄지손가락 구멍을 뜨는 부분은 겉뜨기　　── = 오른손 엄지손가락 구멍

p.30 **톤**Tone **베스트**

재료 [다루마] 공기를 섞어 실로 만든 울 알파카
블랙(9) 84g, 에크루(1) 60g, 라이트 그레이(7)
22g, 다크 그레이(8) 22g
[다루마] 실크 모헤어 블랙(8) 74g,
미색(1) 58g, 스틸(7) 30g

도구 8호(4.5mm) 80cm
(줄바늘로 평면 뜨기 (p.41 참고))

게이지 무늬뜨기 16.5코 26단 / 10cm×10cm

완성 치수 가슴둘레 118cm, 길이 51cm

뜨는 법 실은 울 알파카 1가닥, 실크 모헤어 3가닥,
합계 4가닥을 잡고 뜹니다. 배색표를 참조하여 실의
구성을 지정된 위치에서 변경하면서 뜹니다.

· 앞뒤 몸판 뜨기
손가락으로 걸어 만드는 시작코를 97 코 잡습니다. 계
속하여 무늬뜨기(양끝 1코는 메리야스뜨기)로 106 단
까지 뜹니다. 어깨를 줄여가면서 무늬뜨기로 27 단 뜨
고, 덮어씌우기 코막음합니다. 같은 것을 2 매 뜹니다.

· 마무리
옆선은 소매시작선까지 떠서 꿰매기 합니다. 어깨는
반코 떠서 꿰매기 합니다.

포인트
울 알파카 실과 가는 실크 모헤어를 합쳐서 뜨는 작품
입니다. 실크 모헤어의 색을 변경할 때에는 다음 단에
서 실을 합쳐서 실 끝을 떠 넣어도 괜찮습니다. 10코
정도 뜨고 실을 자릅니다. 울 알파카 실은 가능하면
시접에서 마무리 해 주세요.

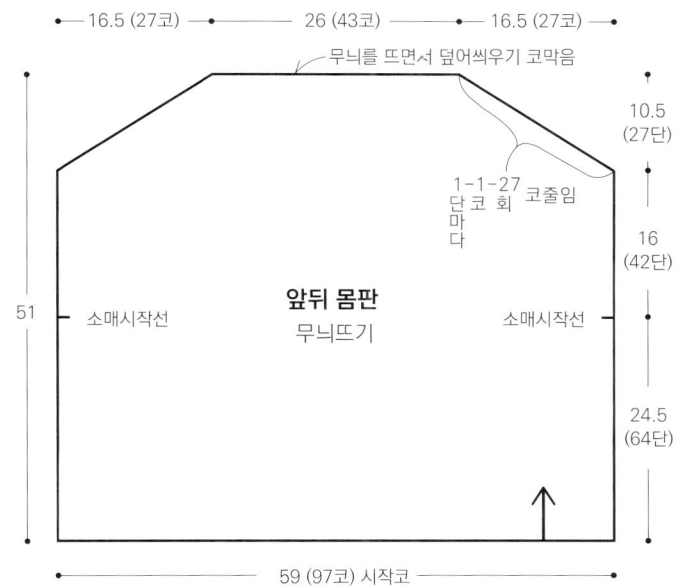

**배색표**

※ 울 알파카 1가닥, 실크 모헤어 3가닥, 합계 4가닥을 잡고 뜬다.

| | 단수 ※( )안은 뜨는 단수 | 울 알파카 1가닥 | 실크 모헤어 3가닥 |
|---|---|---|---|
| 어깨 | 1~27단 (27단) | 에크루 | 미색 3가닥 |
| 진동 둘레 | 23~42단 (20단) | 에크루 | 미색 3가닥 |
| | 19~22단 (4단) | 라이트 그레이 | 미색 3가닥 |
| | 15~18단 (4단) | 라이트 그레이 | 스틸 1가닥, 미색 2가닥 |
| | 11~14단 (4단) | 라이트 그레이 | 스틸 2가닥, 미색 1가닥 |
| | 7~10단 (4단) | 라이트 그레이 | 스틸 3가닥 |
| | 3~6단 (4단) | 다크 그레이 | 스틸 3가닥 |
| | 1, 2단 (2단) | 다크 그레이 | 블랙 1가닥, 스틸 2가닥 |
| 겨드랑이 아래 | 63, 64단 (2단) | 다크 그레이 | 블랙 1가닥, 스틸 2가닥 |
| | 59~62단 (4단) | 다크 그레이 | 블랙 2가닥, 스틸 1가닥 |
| | 55~58단 (4단) | 다크 그레이 | 블랙 3가닥 |
| | 51~54단 (4단) | 블랙 | 스틸 3가닥 |
| | 47~50단 (4단) | 블랙 | 블랙 1가닥, 스틸 2가닥 |
| | 43~46단 (4단) | 블랙 | 블랙 2가닥, 스틸 1가닥 |
| | 시작코~42단 (42단) | 블랙 | 블랙 3가닥 |

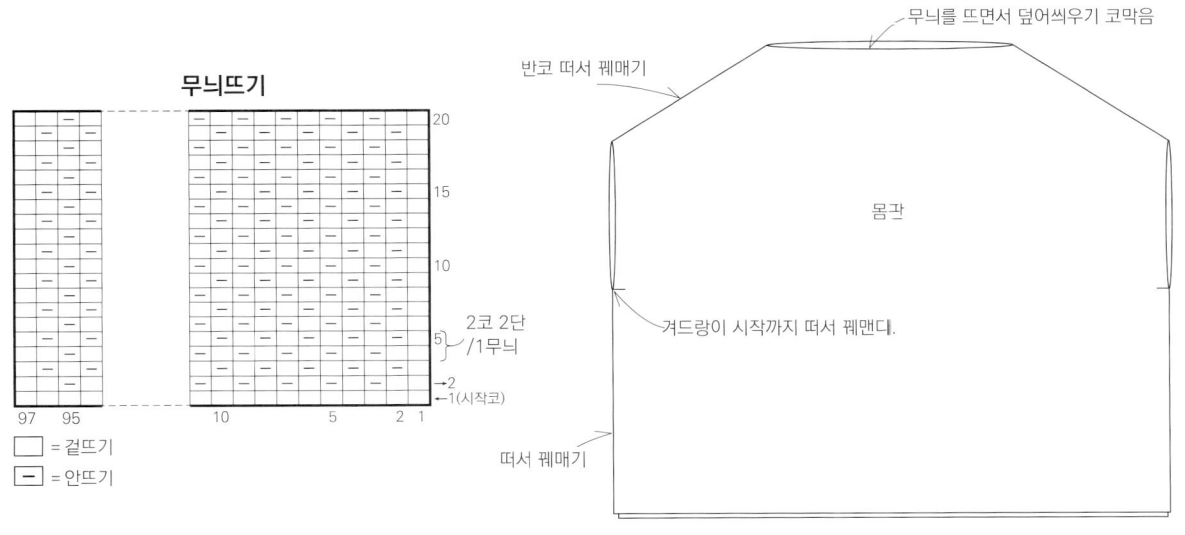

**무늬뜨기**

□ = 겉뜨기
− = 안뜨기

p.32 철새 손모아 장갑

<u>재료</u>　[다루마] 셰틀랜드 울 마린블루(11) 38g, 에크뤼(1) 19g
<u>도구</u>　4호(3.3mm), 3호(3.0mm) 짧은 막대바늘 (매직루프로 뜨는 경우
　　　　(p.41 참고) 4호, 3호 80cm 줄바늘)
<u>게이지</u>　배색무늬 26코 28단 / 10cm×10cm
<u>완성치수</u> 손바닥 둘레 22cm, 길이 24.5cm

<u>뜨는 법</u>
실은 1가닥으로 지정된 색상, 바늘로 뜹니다.
• 오른쪽 뜨기
3호 바늘, 마린블루 실로 손가락으로 걸어 만드는 시작코를 62코 잡아원
통으로 만듭니다. 2코 고무뜨기로 20단까지 뜹니다. 4호 바늘로 변경하여
첫 번째 단에서 코늘림을 하여 배색무늬를 37단 뜹니다. 도중에 엄지손가

락 구멍 부분에 보조실을 꿰어 쉼코로 둡니다. 다음 단에서 감아코를 9코
만듭니다(p.37 참고). 손 끝을 줄여가면서 12단 뜹니다. 마지막 단의 8코
에 실을 2바퀴 통과시켜 조입니다.
• 엄지손가락 뜨기
본체의 쉼코와 감아코, 각 모서리 1코씩, 합계 20코를 주워서 3호 바늘에
끼우고 마린블루 실로 원통형으로 뜹니다 (p.37 참고).
이어서 메리야스뜨기로 18단 뜹니다. 손가락 끝의 코를 줄여가며 3단 뜹
니다. 마지막 단의 8코에 실을 2바퀴 통과시켜서 조입니다.
• 왼쪽 뜨기
오른쪽과 마찬가지로 뜹니다. 엄지손가락의 구멍의 위치가 변경되므로 주
의합니다.

---

p.33 브리오슈 스티치 모자　　　　* 도안 : p.88

<u>재료</u>　[다루마] 셰틀랜드 울 에크뤼(1) 46g
<u>도구</u>　4호(3.3mm) 40cm 줄바늘, 4호 짧은 막대바늘 5개(매직루프로 뜨는
　　　　경우(p.41 참고) 4호 80cm 줄바늘)
<u>게이지</u>　브리오슈 고무뜨기 19코 40단 / 10cm×10cm
<u>완성치수</u> 머리둘레 52.5cm, 높이 21cm

<u>뜨는 법</u>
실은 1가닥으로 뜹니다.
손가락으로 걸어 만드는 시작코(엄지손가락에 2가닥 거는 방법. p.39 참
고)를 100코 잡아 원통으로 만듭니다. 브리오슈 스티치(p.39 참고)로 48
단까지 뜹니다. 계속해서 코를 줄여가며 브리오슈 스티치로 35단 뜹니다.
마지막 10코에 실을 2바퀴 통과시켜 조입니다.

<u>포인트</u>
브리오슈 스티치의 도톰함과 밸런스를 잡기 위해 시작코를 만들 때에 엄지
손가락쪽의 실을 2가닥으로 하여 끝에 두께를 줍니다.

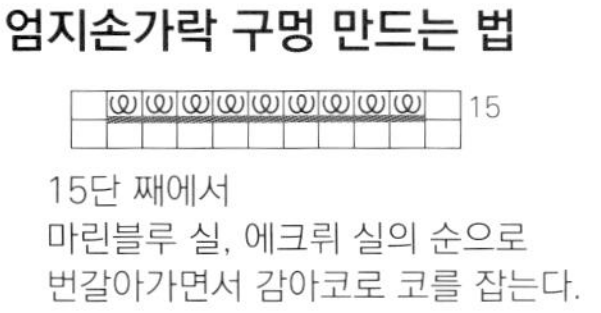

엄지손가락
마지막 단 8코에 실을 2바퀴 통과시켜 조인다.

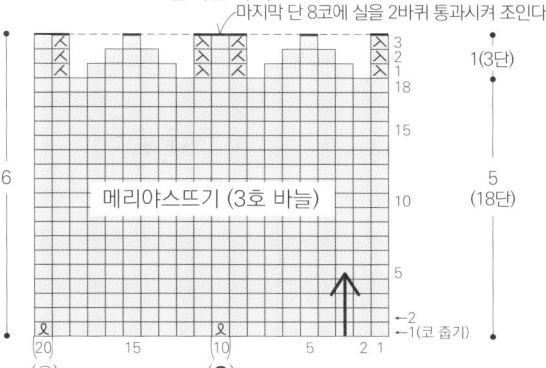

메리야스뜨기 (3호 바늘)

1(3단)

5
(18단)

● 엄지손가락 구멍에서 20코 원통으로 줍는다. ●

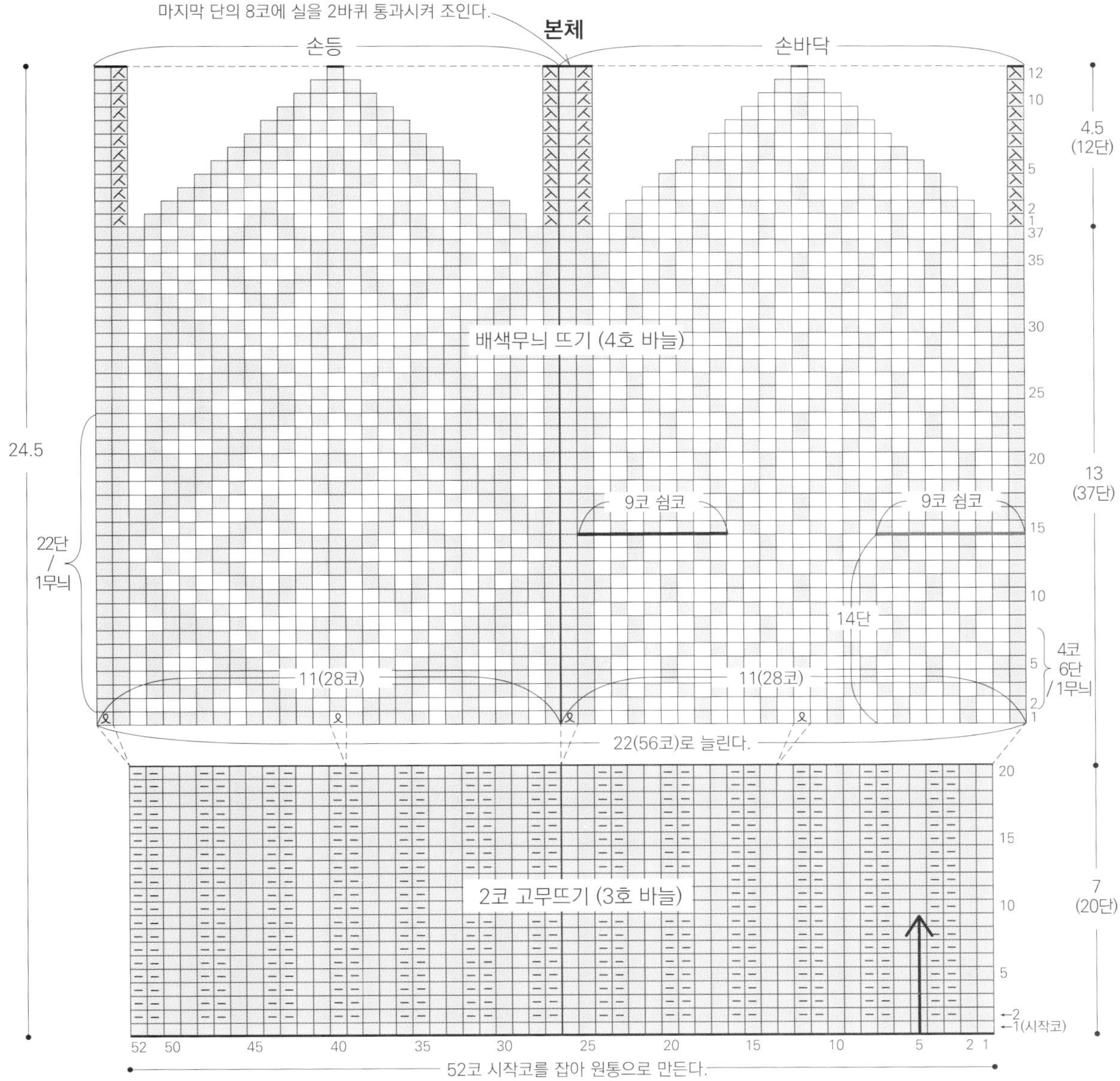

## 엄지손가락 구멍 만드는 법

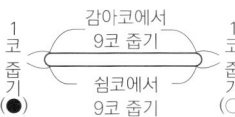

15단 째에서
마린블루 실, 에크뤼 실의 순으로
번갈아가면서 감아코로 코를 잡는다.

## 엄지손가락 코 줍는 법

감아코에서
9코 줍기

1
코
줍
기
(●)

쉼코에서
9코 줍기

1
코
줍
기
(○)

마지막 단의 8코에 실을 2바퀴 통과시켜 조인다.

**본체**

손등                    손바닥

12

4.5
(12단)

배색무늬 뜨기 (4호 바늘)

9코 쉼코          9코 쉼코

24.5

22단
/
1무늬

13
(37단)

14단

4코
6단
/1무늬

11(28코)          11(28코)

22(56코)로 늘린다.

2코 고무뜨기 (3호 바늘)

7
(20단)

←2
←1(시작코)

52코 시작코를 잡아 원통으로 만든다.

87

= 겉뜨기          마린블루(바탕실)          = 왼손 엄지손가락 구멍 위치

= 안뜨기          에크뤼(배색실)          = 오른손 엄지손가락 구멍 위치

# 브리오슈 스티치 모자

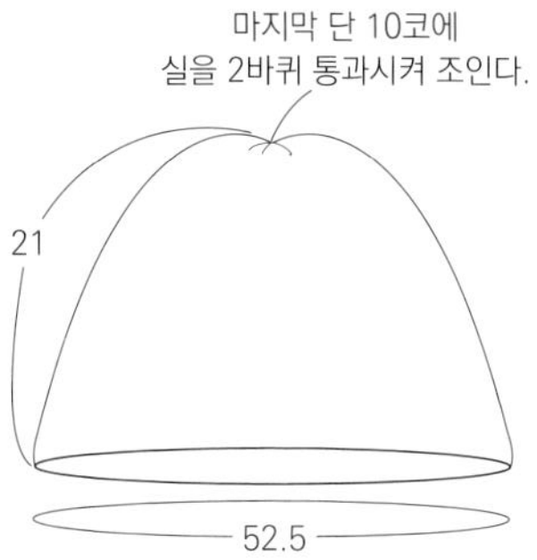

마지막 단 10코에
실을 2바퀴 통과시켜 조인다.

52.5

21

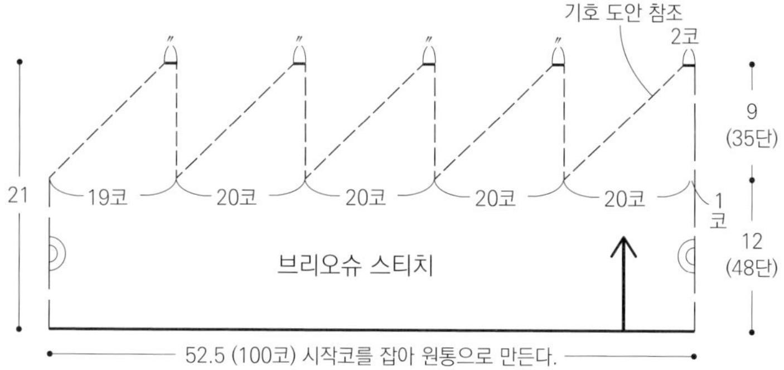

브리오슈 스티치 뜨는 법 (p.39참고)

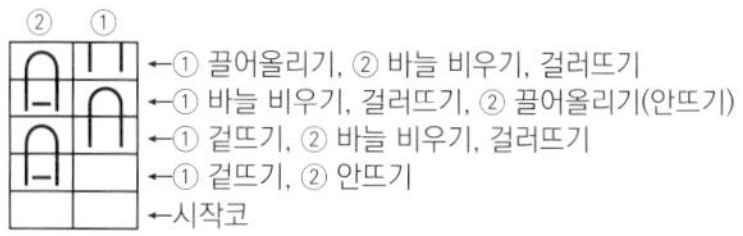

①②
- →①걸어올리기, ②바늘 비우기, 걸러뜨기
- →①바늘 비우기, 걸러뜨기, ②겉뜨기
- →①겉뜨기, ②바늘 비우기, ②걸어올리기(안뜨기)
- →①겉뜨기, ②안뜨기
- →사잇코

기호 도안 참조

2코

9코 (35단)
1코
12코 (48단)

20코 20코 20코 20코 19코

21

브리오슈 스티치

52.5 (100코) 시작코를 잡아 원통으로 만든다.

= 겉뜨기
= 안뜨기

걸어올리기
→바늘 비우기, 걸러뜨기
겉뜨기

걸어올리기(안뜨기)
→바늘 비우기, 걸러뜨기
안뜨기

걸어올리기(3코 모아뜨기)
→바늘 비우기, 걸러뜨기
오른쪽 겹쳐 3코 모아뜨기

뜨지 않고
오른쪽 바늘로 옮겨,
단의 마지막에서
오른쪽 겹쳐 3코 모아뜨기
한다.

35 30 25 20 15 10 5 2 1 48 45 40 20 15 10 5 1

브리오슈 스티치

2코 2단
1코 1단
2코 1코 (시작코)

1 2 5 10 15 20 25 30 35 41 40 82 85 90 95 100

88

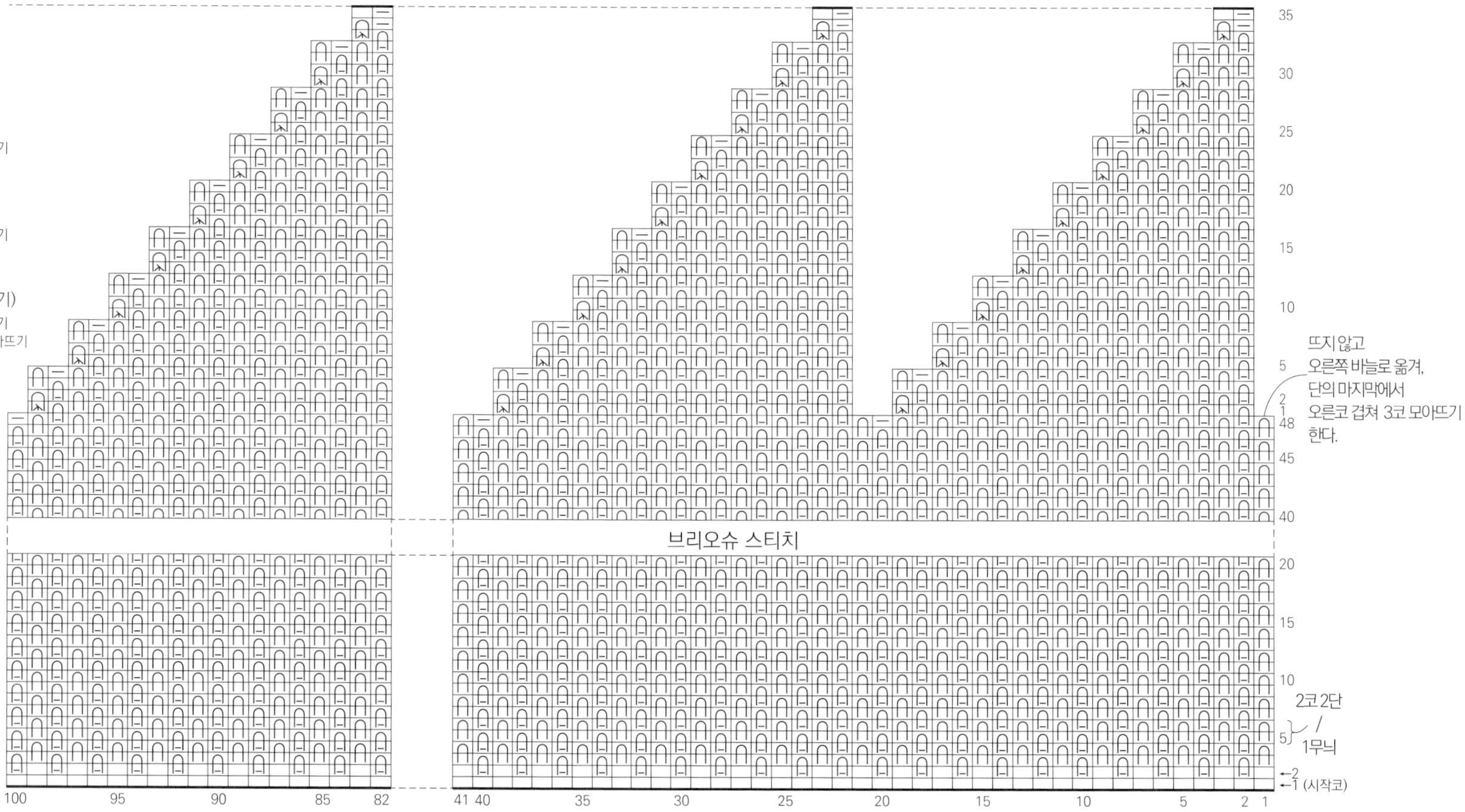

# 기본 기법

## 시작코

### [손가락으로 걸어 만드는 시작코]

1

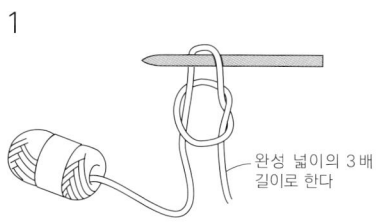

완성 넓이의 3배 길이로 한다

첫 코를 손가락으로 만들어 바늘에 옮기고, 실을 당긴다.

2

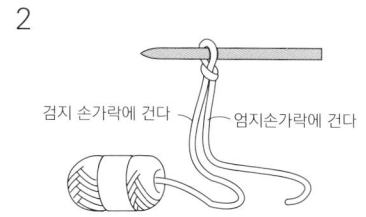

검지 손가락에 건다　엄지손가락에 건다

한 코 완성

3

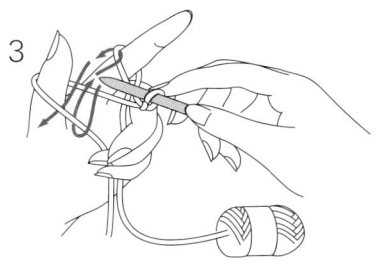

화살표와 같이 바늘을 넣어서, 걸린 실을 잡아당긴다.

4

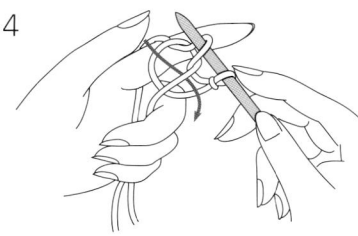

엄지손가락에 걸린 실을 일단 빼고, 화살표와 같이 바늘을 고쳐 넣어 조인다.

5

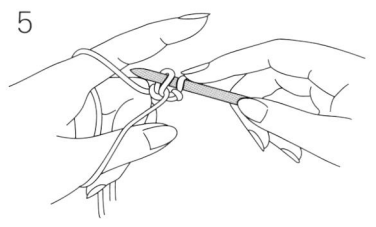

두 번째 코 완성. 3~5를 반복하여 필요한 만큼 코를 잡는다.

6

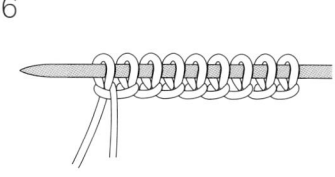

첫 번째 단 완성. 이 바늘을 왼손에 잡고 두 번째 단을 뜬다.

### [별 사슬에서 줍는 시작코]

1

1코

뜨는 실에 가까운 굵기의 면사로 사슬뜨기(p.95)를 한다.

2

끝 코　시작 첫 코

느슨하게 뜬다. 필요 콧수보다 2,3코 더 뜬다.

3

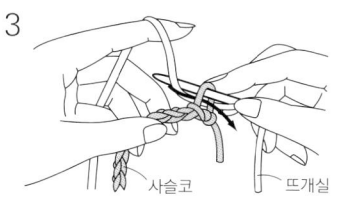

사슬코　뜨개실

사슬뜨기 첫 코의 사슬코산에 바늘을 넣어서 뜨개실로 뜬다.

4

필요한 만큼 코를 주워간다. 이것을 1단으로 센다.

## 뜨개 기호와 뜨는 법

### | 겉뜨기 (겉코)

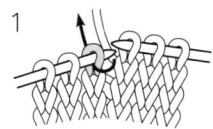
1

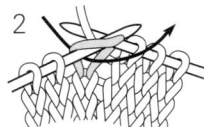
2

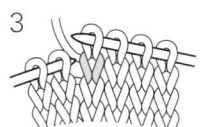
3

실을 뒤쪽에 두고 오른쪽 바늘을 왼쪽 바늘의 코에 앞쪽에서 뒤쪽으로 넣는다.

오른쪽 바늘에 실을 걸고 화살표와 같이 끌어 당긴다.

실을 끌어당기며 왼쪽 바늘에서 코를 뺀다.

### — 안뜨기 (안코)

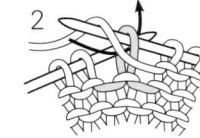
1

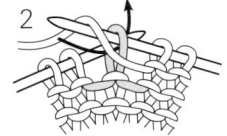
2

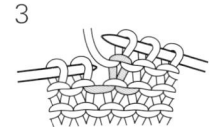
3

실을 앞쪽에 두고 오른쪽 바늘을 왼쪽 바늘의 코에 뒤쪽에서 안면으로 넣는다.

오른쪽 바늘에 실을 걸고 화살표와 같이 끌어당긴다.

실을 끌어당기며 오른쪽 바늘에서 코를 뺀다.

### ⋏ 왼코 겹쳐 2 코 모아뜨기

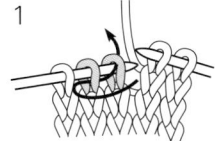
1

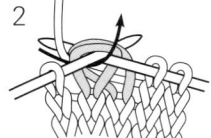
2

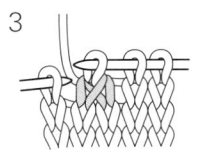
3

한꺼번에 2 코에 앞쪽에서 바늘을 넣는다.

실을 걸어서 뜬다.

1 코 줄었다.

### ⋌ 오른코 겹쳐 2 코 모아뜨기

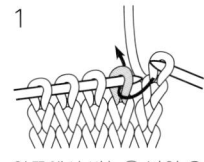
1

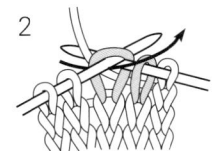
2

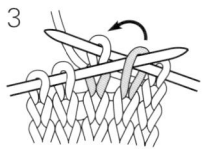
3

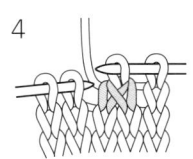
4

앞쪽에서 바늘을 넣어 오른쪽 바늘로 1코를 옮긴다.

다음 코를 뜬다.

옮긴 코를 뜬 코에 덮어 씌운다.

1코 줄었다.

### ⋏ 왼코 겹쳐 2 코 모아뜨기(안뜨기)

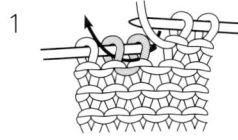
1

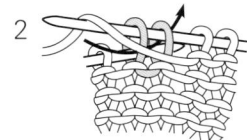
2

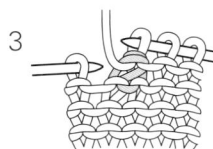
3

오른쪽 바늘을 뒤쪽에서 한꺼번에 2코에 넣는다.

실을 걸어서 안뜨기를 뜬다.

1코 줄었다.

### ⋌ 오른코 겹쳐 2 코 모아뜨기 (안뜨기)

1

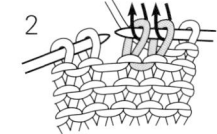
2

3

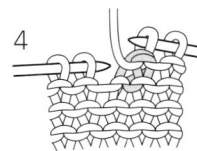
4

오른쪽 바늘을 뒤쪽에서 2코에 한꺼번에 넣는다.

왼쪽 바늘을 화살표와 같이 넣어서 코를 옮긴다.

실을 걸어서 안뜨기를 뜬다.

1코 줄었다.

### ○ 바늘비우기 (걸기코)

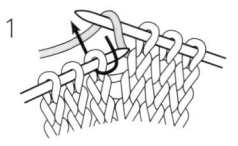
1

2

실을 앞쪽에서 걸치고, 다음 코를 뜬다.

### Ϙ (Ϙ) 돌려뜨기(오른쪽 위 돌림코)

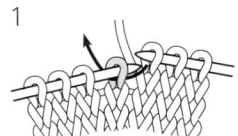
1

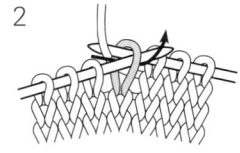
2

오른쪽 바늘을 뒤쪽에 넣는다.

실을 걸어서 뜬다.

3

4

### Ϙ 돌려뜨기 (왼쪽 위 돌림코)

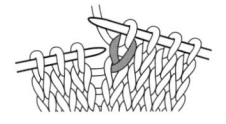

오른쪽 바늘을 앞쪽에서 넣어 뜨지 않고 옮기면 코의 방향이 바뀌어 옮겨진다. 이 코를 왼쪽 바늘에 되돌려 겉뜨기 한다.

### Ϙ 돌려뜨기 (안뜨기)

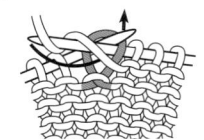

바늘을 뒤쪽에서 넣고 안뜨기 한다.

90

## ⅄ 중심 3코 모아뜨기

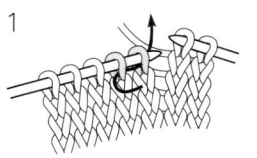

1

앞쪽에서 한꺼번에 2코에 오른쪽 바늘을 넣어 뜨지 않고 그대로 오른쪽 바늘에 옮긴다.

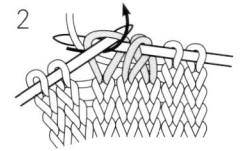

2

다음 코를 뜬다.

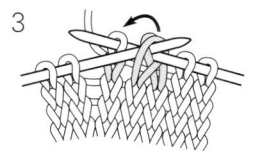

3

옮겨 둔 2코를 뜬 코에 덮어 씌운다.

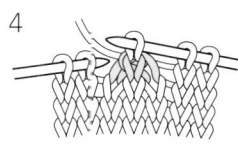

4

2코 줄었다.

## ⅄ 오른코 겹쳐 3코 모아뜨기

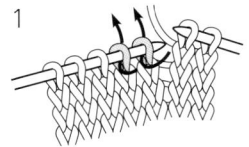

1

2코를 오른쪽 바늘에 뜨지 않고 옮긴다.

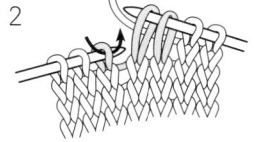

2

다음 코를 뜬다.

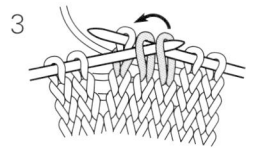

3

옮겨 둔 2코를 뜬 코에 덮어 씌운다.

4

2코 줄었다.

## ⅄ 왼코 겹쳐 3코 모아뜨기

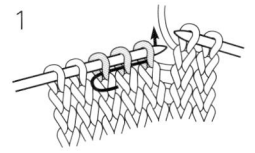

1

앞쪽에서 한꺼번에 3코에 바늘을 넣는다.

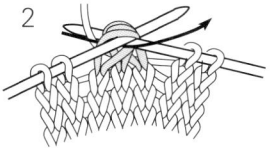

2

3코를 한 번에 뜬다.

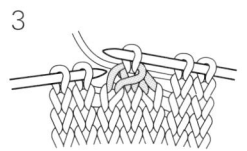

3

3코를 한 번에 뜬다.

## Ⓦ 감아코

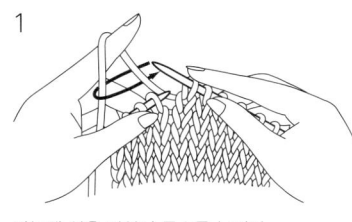

1

바늘에 실을 감아서 콧수를 늘린다.

## [ 싱커루프에서 돌려뜨기로 코를 늘리는 방법 ]

1

왼쪽 바늘로 화살표와 같이 싱커 루프를 주워 올려 돌려뜨기 한다.

2

코와 코 사이에 1코가 늘었다.

##  겉뜨기로 3코 늘리기

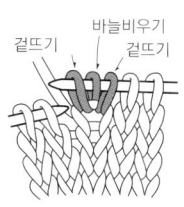

겉뜨기    바늘비우기    겉뜨기

한 코에서 겉뜨기, 바늘비우기, 겉뜨기 한다.

## ∨ 걸러뜨기

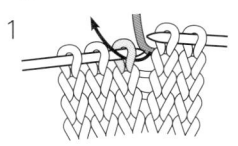

1

실을 뒤쪽에 두고 1코를 뜨지 않고 오른쪽 바늘에 옮긴다.

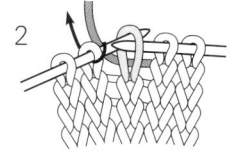

2

다음 코를 뜬다.

3

## ✕ 오른코 교차뜨기

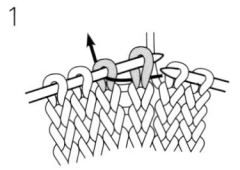

1

뒤쪽을 통해 1코를 건너뛰고 다음 코에 바늘을 넣는다.

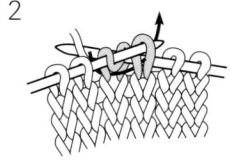

2

실을 걸어서 뜬다.

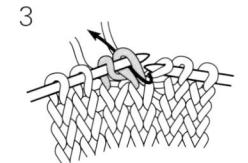

3

건너뛰었던 코를 뜬다.

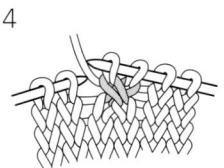

4

## ✕ 왼코 교차뜨기 ※ 안면에서 뜨는 경우에는 2, 3은 안뜨기로 뜬다.

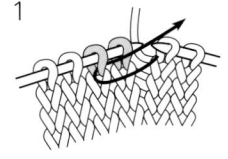

1

1코 건너뛰고 그 다음 코에 앞쪽으로 바늘을 넣는다.

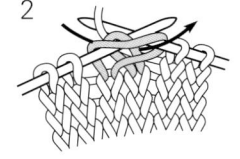

2

실을 걸어서 뜬다.

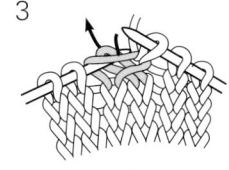

3

건너뛴 코를 뜬다.

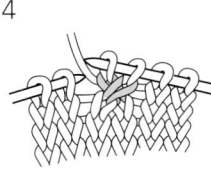

4

## ✕ 오른코 위 2코 교차뜨기

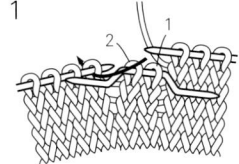

1

1, 2 번째 코를 꽈배기바늘에 옮겨서 앞쪽에 둔다.

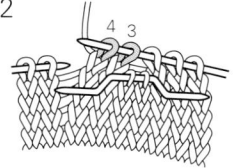

2

3, 4 번째 코를 뜬다.

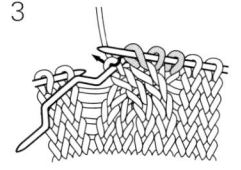

3

꽈배기바늘에 옮겨 둔 1, 2의 코를 뜬다.

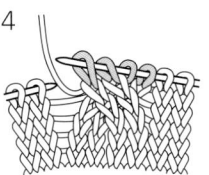

4

## ✕ 왼코 위 2코 교차뜨기

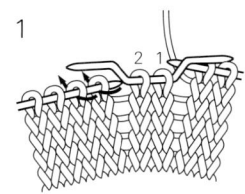

1

코 1, 2를 꽈배기바늘에 옮긴다.

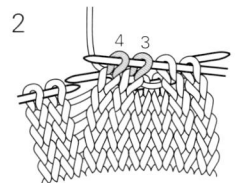

2

꽈배기바늘을 뒤쪽에 두고 코 3, 4를 뜬다.

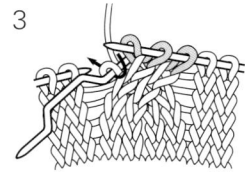

3

꽈배기바늘의 코 1, 2를 뜬다.

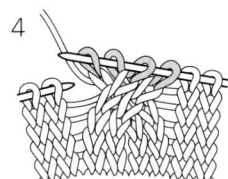

4

## [배색무늬의 실을 바꾸는 법]

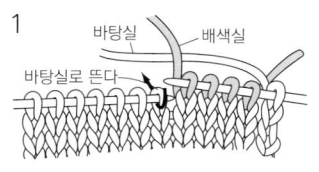

1

배색실을 위로 올리고 바탕실을 뜬다.

2

배색실을 바탕실의 위에 올려서 바꾼다.

## 코막음

### [ 덮어씌우기]

#### ● 겉뜨기 (겉코)

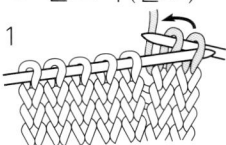 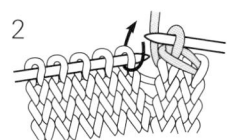 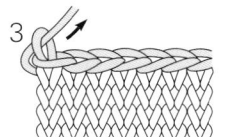

1
두 코를 겉뜨기하고 오른쪽 코를 왼쪽의 코에 덮어 씌운다.

2
다음 코를 겉뜨기하고 오른쪽 코를 왼쪽 코에 덮어 씌운다.

3
마지막 코에 실을 통과시켜 코를 당겨 조인다.

#### ● 안뜨기 (안코)

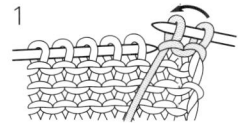 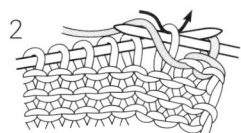

1
두 코를 안뜨기하고 오른쪽의 코를 왼쪽의 코에 덮어 씌운다.

2
다음의 코를 안뜨기하고, 오른쪽의 코를 왼쪽의 코에 덮어 씌운다. 마지막은 겉뜨기의 3과 같은 방법으로 끝 코에 실을 통과시켜 당겨 조인다.

### [1 코 고무뜨기 코막음 (원통 뜨기)]

 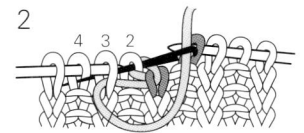 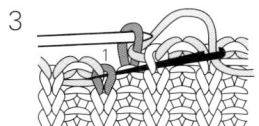 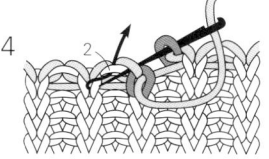

1
코 1을 건너뛰고 코 2에 앞쪽에서 바늘을 넣어 통과킨다. 코 1로 돌아와 앞쪽에서 바늘을 넣고 코 3으로 뺀다.

2
코 2로 돌아와 뒤쪽에서부터 바늘을 넣고 코 4의 바깥쪽으로 뺀다. 그 다음부터는 겉코는 겉코끼리, 안코는 안코끼리 바늘을 넣어 간다.

3
끝부분의 겉코에 뒤쪽에서 바늘을 넣고 코 1로 뺀다.

4
한 바퀴 돈 마지막 겉코에 뒤쪽에서 바늘을 넣고, 그림과 같이 고무뜨기 마무리를 한 실 밑으로 넣는다. 다시 화살표와 같이 2의 겉코로 뺀다.

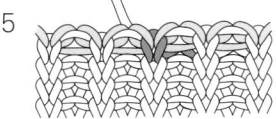

5
마무리한 모습

### [2 코 고무뜨기 코막음 (원통 뜨기)]

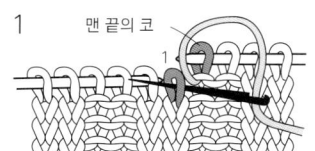 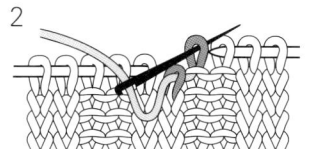 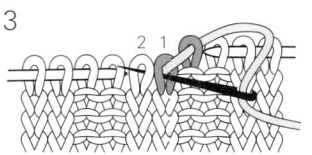

1
코 1에 뒤쪽에서 바늘을 넣는다.

2
전 단 끝부분의 코에 앞쪽에서 바늘을 넣는다.

3
코 1, 2에 그림과 같이 바늘을 넣어서 빼낸다.

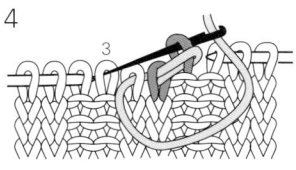 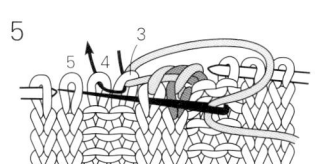 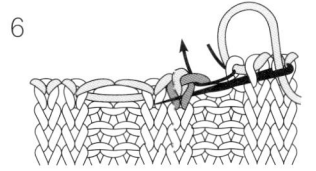

4
전 단 마지막 안코의 뒤쪽에서 바늘을 넣고 코 1, 2의 두 코를 건너뛰어 코 3에 앞쪽에서 바늘을 넣는다.

5
코 2로 돌아와 코 3, 4 두 코를 건너뛰고 코 5에 바늘을 넣는다. 다음에 코 3,4에 바늘을 넣는다. 3~5를 반복한다.

6
전 단 마지막 겉코와 시작부분의 겉코에 바늘을 넣고 마지막으로 겉코 두 코에 화살표와 같이 바늘을 넣어 빼낸다.

### [1 코 고무뜨기 코막음 (평면 뜨기)]

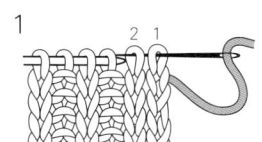 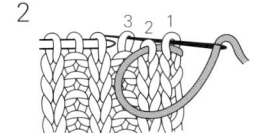 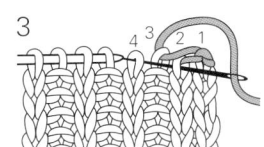 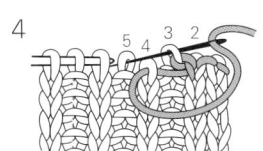

1
코 1에는 앞쪽에서, 코 2에는 뒤쪽에서 바늘을 넣는다.

2
코 2를 건너뛰어 코 1과 코 3에 앞쪽에서 바늘을 넣는다.

3
코 3을 건너뛰어 코 2와 코 4(겉코)에 바늘을 넣는다.

4
코 4를 건너뛰어 코 3과 코 5(안코)에 바늘을 넣는다. 3, 4를 반복한다.

## 잇기, 꿰매기

### [ 메리야스 잇기]

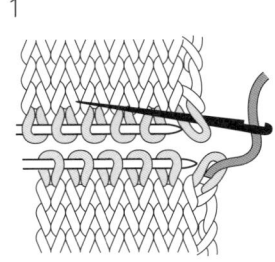 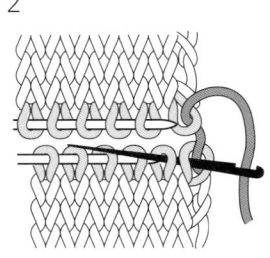 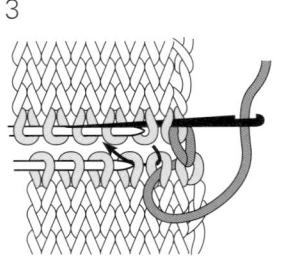 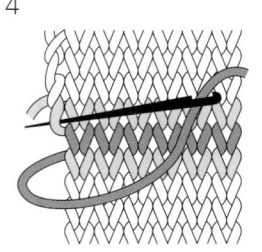

1

아래 단 코의 실을 위의 코에 바늘을 넣는다.

2

아래의 코에 돌아와서 그림과 같이 바늘을 넣는다.

3

그림과 같이 위의 코와 다음의 코에 바늘을 넣고 다시 화살표와 같이 계속한다.

4

2, 3을 반복하며 마지막 코에 바늘을 넣고 뺀다.

### [ 빼뜨기로 잇기]

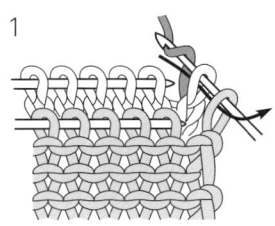 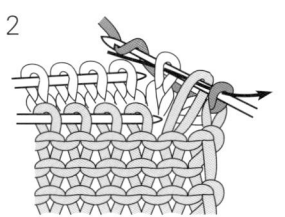 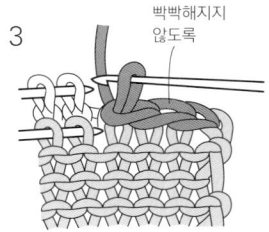

1

2장의 뜨개바탕을 겉면끼리 마주대고 끝의 2코를 빼뜨기한다.

2

빼뜨기한 코와 다음의 코 2코를 빼뜨기한다.

3

2를 반복한다.

### [ 단과 코 잇기]

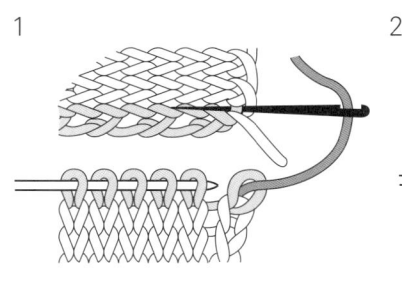 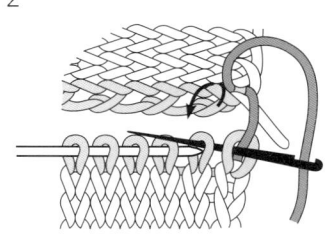 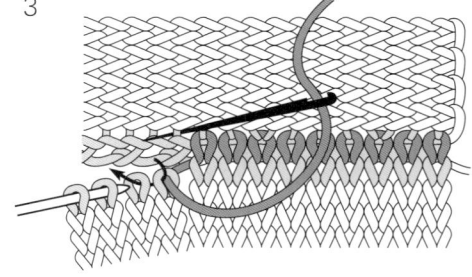

1

위 단의 맨 끝 코와 다음코의 사이에 바늘을 넣고 실을 통과시킨다.

2

아래 단은 메리야스 잇기의 요령으로 바늘을 넣어 간다.

3

뜨개바탕은 보통 단수가 콧수보다 많으므로 그 차의 평균치로 배분하여 1코에 2단을 주워 간다.

### [ 빼뜨기로 꿰매기]

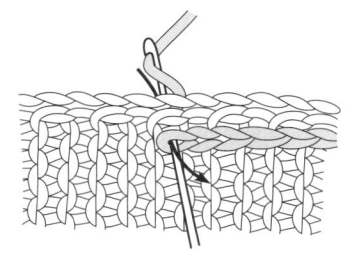

뜨개바탕의 겉면끼리 마주대고 코 사이에 바늘을 넣는다. 바늘에 실을 걸어서 빼뜨기한다.

### [ 떠서 꿰매기]

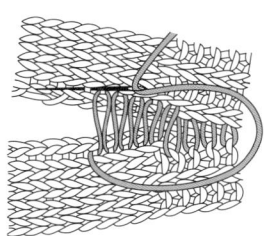

첫 번째 코와 다음 코 사이의 싱커루프를 한 단씩 교차하여 꿰맨다. 반코의 떠서 꿰매기는 반코 안면의 싱커루프를 꿰맨다.

## [ 경사뜨기 ( 되돌아뜨기 )]

○왼쪽

**1**

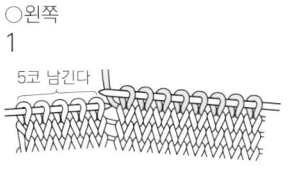

5코 남긴다

되돌아뜨는 코의 앞까지 뜬다.

**2**

느슨해지지 않도록 바늘비우기

걸러뜨기

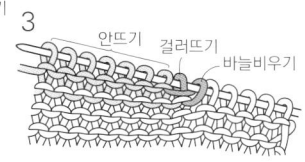

뜨개바탕을 뒤집어 잡고 바늘비우기, 걸러뜨기 한다.

**3**

안뜨기    걸러뜨기    바늘비우기

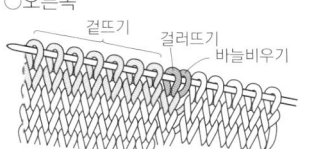

안뜨기 한다.

○오른쪽

겉뜨기    걸러뜨기    바늘비우기

되돌아뜨는 코의 앞까지 뜬다. 뜨개바탕을 돌려잡고 바늘비우기, 걸러뜨기 한다. 겉뜨기 한다.

### 단차 없애기

경사뜨기가 끝나면 바늘비우기한 걸기코의 처리를 하면서 1 단 뜬다(단차 없애기). 안뜨기로 단을 없앨 때에는 걸기코와 다음의 코를 바꿔서 뜬다.

○왼쪽

걸기코와 다음 코를 모아뜨기 한다

2코 모아뜨기    4코    단차 없애기

2코 모아뜨기    4코

5코

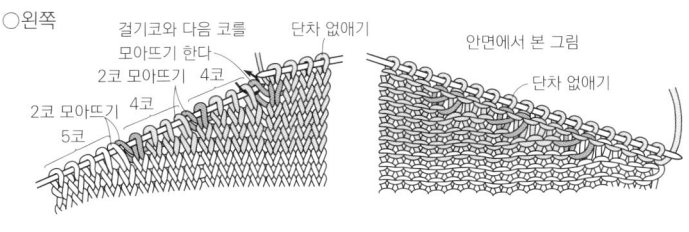

안면에서 본 그림

단차 없애기

○오른쪽

걸기코와 다음의 코를 바꿔서

코를 바꿔서    2코 모아뜨기 한다    단차 없애기 한다

2코 모아뜨기    4코

코를 바꿔서    4코

2코 모아뜨기

5코

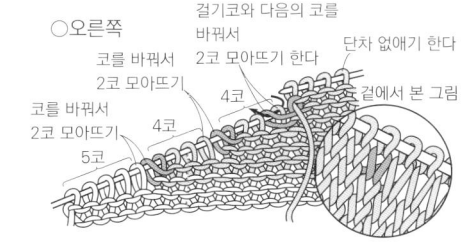

겉에서 본 그림

---

## [ 코바늘 뜨기]

**〇 사슬뜨기**

**1**

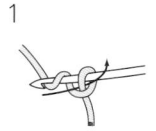

**2**

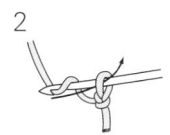

**3**

1코

**4**

# 뜨개 옷장

초판 1쇄 발행 2023년 1월 31일
초판 2쇄 발행 2023년 12월 1일

**지은이** 나스 사나에
**옮긴이** 제리

**펴낸이** 고은애
**펴낸곳** 북스앤디지털
**출판신고** 제 25100-2018-000023 호
**전화** 02-6448-6322
**e-mail** book@booksndigital.co.kr
**INSTAGRAM** @acompleteday_pub

한국어판 출판권 ⓒ 북스앤디지털 2023
오롯한날은 북스앤디지털의 출판 브랜드입니다.

**JAPAN STAFF**
**북디자인** 하다 이즈미
**촬영** 야마구치 아키라
**프로세스 촬영** 야스다 죠스이 (문화출판국)
**스타일링** 구시오 히로에
**헤어 & 메이크업** 니시 히로코
**모델** Hesui
**제작 협력** 아라카와 치요미, 다니구치 히로에, 모로호시 유키코
**만드는 법 해설, 도안** 다나카 리카
**DTP 오퍼레이션** 문화포타이프
**교열** 무카이 마사코
**편집** 오사나이 마키, 오사와 요코 (문화출판국)
**발행인** 하마다 가츠히로

ISBN 979-11-972302-7-1  13590
값 14,000 원

※ 이 책에서 소개한 작품의 전부 또는 일부를 상품화, 복제 배포하거나 콩쿠르 등의 응모작으로 출품할 수 없습니다.
※ 잘못 만들어진 책은 서점에서 교환하여 드립니다.